天下文化
BELIEVE IN READING

工作生活 BWL006A

魅力學（新版）

無往不利的自我經營術

THE Charisma Myth

How anyone can master the art and science of personal magnetism

奧麗薇亞・卡本尼 Olivia Cabane／著
胡琦君／譯

目次
contents

Part Three
各種情境下如何展現魅力

推薦序

忠於自我的魅力風格

特力集團執行長　童至祥

在閱讀了《魅力學》這本書後，發現它非常實用。談到魅力，人們很容易聯想到擁有吸睛外表的明星，或是能言善道、口才極佳的公眾人物；也有許多人認為魅力是與生俱來的，有魅力的人都是外向的。然而，本書強調魅力是一種技巧，可以經由後天練習來訓練，不見得要有引人注目的外表或出眾的口才，甚至要忠於自我，不需改變自己原來的性格。

我認為，魅力是要由心出發，出自真誠，它是一種結合正確的心態、適當的肢體、語言和行為所展現的一致性感受。比如你很欣賞某一位名人或是身邊好友，你可以先觀察他／她所具備的特質，而這些特質如你也很想擁有，可以先試著打從內心培養能產生這些特質的思維，再經由不斷的練習，將思維內化成自己的一部分，讓表現出的肢體語言與行為，也能具備這樣的特質。

現代人每天被各種行動裝置的資訊包圍，為了應付忙碌的生活及工作，往往一心多用，無法專注於當下。不論是在公司開會、與好友聚餐、或和家人相處時，常常同時處理好幾件事。最常看到的是一家人或一群朋友在餐廳聚餐，每個人各自低頭滑動手機、傳送訊息，反而失掉了聚會真正的目的。這些行為都會讓對方對你產生心不在焉的感覺，也可能帶來不夠可靠、誠懇的印象。甚至會嚴重到讓你在工作上失去別人的信任，或是破壞親友間的關係。因此，我非常認同作者的觀點，魅力的關鍵不在於你花多少時間跟對方互動，而在於你能不能適時活在當下，讓別人感受到你對他們的全然關注，展現出你對他們的重視。

魅力之所以重要，是因為我們在日常生活中要隨時扮演說服者的角色。有魅力的人能發揮他／她的影響力及熱情，透過一舉一動正面去感染身邊的人。這種擴散效應便會對工作團隊、甚至整個公司創造正向循環的氛圍，讓組織在潛移默化中逐步改變。

這本書從拆解魅力舉止的三大核心元素——臨在感、影響力與親和力著手，談到各種可以產生魅力行為的內心狀態，也提到如何移除干擾我們展現魅力的內在障礙，再介紹到四種不同的魅力風格：專注、遠見、仁慈與權威，並加上情境應用，把如何培養魅力的技巧一一呈現給讀者，讓我們了解原來魅力並非成功人士的專屬，每個人都能找出適合自己的魅力風格。我相信只要能打從心底散發出真誠及善意，按照書中的技巧不斷的練習，我們都能成為一個有自己獨特魅力的個體。

Sophia Tong

自序

魅力是可以練出來的

瑪莉蓮夢露想要證明一件事。

一九五五年某個晴朗夏日，在雜誌編輯與攝影的隨行下，瑪莉蓮夢露走進紐約中央車站的地鐵站。當時正值上班族通勤的尖峰時段，月台上擠滿了人群，卻沒有人注意到一旁站著等車的她。上車後，她默默的走到車廂角落，任由攝影師拍下她的一舉一動，此時仍舊沒人認出她。

瑪莉蓮夢露想要證明一點：只要她願意，她可以是風采迷人的瑪莉蓮夢露，也可以是平凡無奇的諾瑪珍貝克（譯注：瑪莉蓮夢露的本名）。在地鐵裡，她就是諾瑪珍貝克。然而，當她再度回到人來熙攘的紐約街道上，她決定變成瑪莉蓮夢露。她環顧四周，俏皮的笑問攝影師：「你想不想看到她呀？」她並沒有做多誇張的肢體動作，只不過「撥弄一下頭髮，擺了個姿勢而已」。

就這麼小小的改變，她瞬間變得魅力四射。彷彿有一股魔力如漣漪般從她四周散開，所有事物都靜止了下來。時間凝結不動，周遭人群也一樣，突然發現大明星就在自己身旁，每個人無不瞪大眼睛驚訝的望著她。沒一會兒時間，瑪莉蓮夢露就讓影迷團團包圍住，攝影師「費了九牛二虎之力」，才終於把她從不斷聚集的人群中解救出來。

魅力一向是令人玩味且富爭議的話題。每當我在會議或是雞尾酒會上介紹自己在「教魅力」，總是立刻引起熱烈討論，經常有人語帶期待卻又無法置信的驚呼：「我還以為魅力這玩意是天生的呢！沒有也無法強求的。」有的人覺得自己永遠不可能跟它沾上邊，有的人變得迫切想要學會。但顯然沒有人不為它癡迷！擁有魅力如此令人嚮往是很正常的，畢竟魅力人士的一舉一動，無論是開發新計畫、開創新公司，還是建立新的帝國，都足以影響全世界。

你可曾想過，自己如果能和柯林頓或是賈伯斯一樣富含魅力、令眾人神魂顛倒，會是什麼感覺？你是否認為自己具備某些魅力，而且很想知道如何達到更高境界，更有效自在的施展？還是心裡其實非常期待擁有一點這種魔力，但又認為自己生來就是個欠缺魅力的人？無論是哪一種，好消息是：魅力是一種技巧，可以透過學習與練習來養成。

魅力的驚人力量

想像一下，每當你踏進房間，瞬間所有人的目光都集中在你身上，等不及想聽你開金口，渴望獲得你的肯定，你的人生會是什麼樣子？

對魅力人士而言，這種事稀鬆平常。只要他們一現身，每個人都能感受到他們的存在，沒有人不受吸引，而且不知為何大家就是願意為他們促成任何事情。魅力人士的生活看起來也滿令人嚮往的：擁有更多的交往機會、賺更多的錢，壓力卻更少。

魅力讓人喜歡你、信任你、想要臣服在你領導之下；魅力可以決定你在他人眼中是追隨者還是領導者、決定你的點子能否順利獲得採用，並影響你的計畫執行進度是快還是慢。不管喜不喜歡，魅力就是能帶動世界運轉——因為魅力會讓人心甘情願的去做你希望他們做的事。

在職場或商場上，魅力當然是不可或缺的要素。無論是應徵新工作，或是想獲得晉升，魅力都能幫助你如願以償。許多研究一致指出，擁有魅力的人獲得較高的績效評價，在主管或部屬眼中，他們的做事效率也比較高。

若你身居高位或渴望晉升領導階層，魅力依舊是關鍵。它讓你更有優勢去吸引一流人才，並留住他們，也讓人想要與你共事，加入你的團隊或你的公司。研究指出，在魅力領導者下頭做事的人比起那些跟隨非魅力領導者的人，不但表現較為優異、覺得自己的工作更有意義，對於他們的領導者也有高度的信賴。

根據華頓商學院（Wharton School）教授豪斯（Robert House）的描述，在魅力人士的領導下，「追隨者高度投入受託付的使命，願意犧牲小我，連職責以外的事都能全力以赴。」

魅力能讓一位優秀的業務員賣出比同區域其他同事高出五倍的業績；魅力也讓企業家高下立見：有魅力的企業家足以讓投資大眾爭相捧錢上門，沒有魅力的則必須低聲下氣向銀行乞求貸款。

在商場以外的地方，魅力同樣重要。全職媽媽更能影響自己的孩子、孩子的老師，或是社區鄰居。對於那些想要在大學甄試裡脫穎而出，或在學生社團裡擔任幹部的高中生來說，也是一項珍貴工具。魅力讓人在同儕間更受歡迎，在社交場合更有自信。有魅力的醫生比較容易贏得病人喜愛，病人相對較多，在治療過程也比較配合，醫療糾紛也比較少。此外，就連在研究圈和學術界，魅力也占一席之地：魅力人士的著作較容易獲得出版、從業界募集到更多的研究資金，或是教到最搶手的課程。那些下課後身邊總是圍繞大群仰慕學生的教授，也是魅力使然。

魅力並不神祕，它是能夠學習養成的行為

多數人以為魅力是與生俱來的，其實不然。如果魅力真的是天生的，那麼魅力人士應該隨時隨地都是萬人迷，但事實並非如此。就連迷倒眾生的大明星，也可能前一秒魅力全開，下一秒魅力盡失。瑪莉蓮夢露就是最好的例子：她可以像輕彈按鈕般的「關掉」魅力，完全沒人注意到她；要重新啟動魅力，她只需改變肢體語言就行了。

近年來有大量研究指出，魅力是某種非語言行為的結果，並非天生或神奇的個人特質。這也

部分說明了為什麼魅力強度會時大時小，因為唯有人們展現出這些行為時，魅力才會顯現。你是否曾有過信心滿懷、掌控全局的時刻？在那個當下——就算只有一剎那，大家彷彿都被你收服，周遭的人無不發出「哇！」的讚嘆聲。我們通常不會把這當成是種展現魅力的經驗，也不會因此認為自己具有魅力，因為我們以為魅力人士每一分每一秒都是有魅力的。但他們並不是這樣！

人們之所以會誤以為魅力與生俱來，原因之一是這些展現魅力的行為，就和其他許多社交技巧一樣，我們很早就開始學習，只不過我們通常沒意識到自己正在學習這些技巧。我們以為只是在嘗試新的行為，試看看會得出什麼結果，然後不斷修正，久而久之，這些行為就成了一種本能。

無數知名的魅力人士都是靠不斷的努力才擁有魅力，並且一步步的累積能量。但由於我們認識他們時，正值他們展現魅力的顛峰，於是我們很難相信，這些超級巨星並非一直以來都是如此魅力四射。

前蘋果公司執行長賈伯斯被譽為近十年來最具領袖氣質的執行長之一，但他也不是一開始就如此迷人。事實上，若你觀看他最早期的演說，那副羞澀笨拙的模樣，你對他的印象就會從萬人迷，轉變成一個不折不扣的書呆子了。賈伯斯花了好多年的時間，才一點一滴提升他的魅力指數，從他逐年的公開演說就可看出他不斷在進步。

舉凡社會學、心理學或是認知與行為科學領域，魅力都是關注焦點之一。與魅力相關的研究形形色色，從臨床實驗、橫向與縱向調查研究，到質性分析都有。研究的對象包括總統、軍事統領、各年齡層的學生，以及企業主管——從最基層的經理人到最高執行長都囊括在內。拜這些研究所賜，如今我們知道，魅力是一套可以經由學習養成的行為。

揭開魅力舉止的真實面貌

初次與人見面時，我們會憑直覺研判這個人是敵是友，同時評估這人是否真有能耐成為我們真正的敵人或朋友。換言之，能力與意圖是我們評估的兩項標準。「你有本事移山嗎？你願不願意為我這麼做？」從第一個問題，我們想要評量對方有多少本領；至於第二個問題，則想測出對方有多喜歡我們。與魅力人士見面時，我們總是覺得他們很有本事，而且非常喜歡我們。

製造魅力的公式其實很簡單，你只需讓別人認為你的本領很大，並且具備十足的親切感就行了——這就是魅力行為的兩大特質。「打或逃？」關乎「影響力」（power）；「是敵是友？」則與「親和力」（warmth）有關。

魅力行為的最後一項特質是「臨在感」（presence），也是上述兩項特質的基礎。每當人們描述自己見識到魅力展現的那一刻——譬如與曾任美國國務卿的鮑爾（Colin Powell）、萊絲（Condoleezza Rice），或達賴喇嘛等大人物會面時，往往表示感受到這些人擁有超乎尋常的強大氣場。

根據我訓練主管的經驗，臨在感是主管們最渴望擁有的魅力元素，他們想要加強「領導臨在感」（executive presence）或是「會議臨在感」（boardroom presence）。像他們這麼重視臨在感是對的，因為臨在感是魅力最實在的核心因子，是所有魅力元素的基礎。當你和魅力大師身處於同一個空間——假設是柯林頓好了，你不但能感受到他的影響力和親和力，也會感受到他在當下是全心全意和你在一起。這就是臨在感！

實用的魅力學

如今，魅力儼然成為一門應用科學。本書的用意是將這門科學轉化成實用、馬上就能上手的工具，並教你如何藉由這些工具發揮功效。透過一套有條理且有系統的方法，搭配立即可在現實世界見效的練習，你將能學到魅力這門學問。同時，學習過程中你不會像其他人那樣經歷反覆的嘗試與失敗，也不必浪費時間摸索哪些方法可行、哪些不可行。你可以直接運用這些保證可靠的工具，一舉強化自己的魅力。

要增加魅力，勢必得付出努力——有時你可能覺得很困難、有些不自在，甚至感到氣餒。但這過程也會帶給你極大的收穫，不僅改善你對自己的觀點，也轉變了別人看待你的方式。你將學會管理你的內在狀態，重新認識並關注你自己的需求，並了解哪些行為能夠讓人認為你是一個有魅力的人，進而學著自在的展現這些行為。

本書將會一步步引導你走過這段歷程，提供你具體的工具，讓你散發出魅力的三大元素：臨在感、影響力與親和力。當你運用這些工具時，你會感覺到自己的個人魅力逐漸提升；若你原本就是個相當有魅力的人，那麼在施展魅力上，你將會更加收放自如。你會學習到駕馭魅力的本領，並知道如何巧妙的展現魅力。同時，你還會學習到在不同情境下，如何選擇最符合自己個性和目標的魅力模樣。你將一窺魅力人士內心世界（以及肢體）的實際運作方式；此外，我會介紹許多接受過魅力訓練的執行長個案，讓你了解在魅力培養過程中可能遭遇的困境。

你將會發現這套實用的魔法：整合各門科學的獨特知識，揭露魅力的真實面貌，以及運作方式。你不僅會學到正確的觀念，也會學到活用這些知識所需的技巧。屆時，整個世界就是你的實驗室，和別人每一次的會面，都是你試驗的大好機會。

一旦基礎打好了，你便可進一步學習到如何在困難重重的條件下展現出魅力，譬如和人商談轉換跑道、碰上難搞的對象或是上台發表演說。再者，等你學會隨心所欲展現魅力後，便能夠體驗到魅力人士不為外人知的生活內幕。

你將會學到如何變得更具影響力、說服力和啟發力；你也會學習到散發個人魅力的訣竅，讓自己所到之處都讓周遭的人驚嘆不已：「哇，那個人是誰呀？」

第一章

揭開魅力的神祕面紗

一八八六年的倫敦盛夏，格萊斯頓（William Gladstone）正與對手迪斯雷利（Benjamin Disraeli）角逐大英帝國首相一職。當時的英國正值鼎盛的維多利亞時期，因此誰能贏得這場選戰，就等於統御了大半個世界。選前一個星期，兩位候選人不約而同分別約了某位年輕女士外出吃晚餐。

媒體隨後訪問了這位女士對這兩位男士的印象，她表示：「和格萊斯頓共進晚餐之後，我覺得他是全英國最聰明的人。但與迪斯雷利共進晚餐之後，我覺得自己才是全英國最聰明的人。」

猜猜看誰贏了選戰？勝選的是，讓對方感覺自己聰明、迷人且魅力十足的迪斯雷利。

魅力人士總會刻意或不經意的展現一些行為，讓別人確實感受到了他們的魅力。而這些行為其實每個人都做得到，只要透過適當的學習，就能不斷精進。已有實驗證明，研究人員確實有辦法提升或降低人們的魅力指數，就好似在轉動調控鈕一樣。

長久以來，我們對魅力的種種迷思都該被推翻了：魅力人士不一定得天生外向，外表也不見得要多吸引人，更沒有必要改變自己原來的性格。不論你是怎樣的人，魅力是人還是微小，從現在起，都有辦法大幅提升，並在工作與日常生活中收到成效。

三個常見迷思

最普遍的魅力迷思就是：生性活潑或擅於交際的人才可能散發魅力。

但根據一項非常有趣的研究結果指出，有的人個性內向卻魅力四射。過去我們都太重視外向的技巧與能力了，內向的人反而覺得自己有缺陷、缺乏自信。可是，個性內向並非缺陷，也不是無可救藥；事實上，我們稍後會發現，在特定的魅力類型，內向反倒占了很大的優勢。

另一項常見的魅力迷思是：你必須長相好看才會有魅力。

然而，史上有不計其數的魅力人士，壓根連美貌的最低標準都沾不上邊。一般人不會認為邱吉爾長得帥，他當然也不是以性感出名，但他卻是歷史上最具影響力、權勢最大的領導人之一。

不可諱言的，長得好看的確比較吃香，但沒有姣好臉蛋或身材的魅力人士大有人在。更何況，魅力本身就足以讓你變得更有吸引力。在某些實驗裡，受試者在依指示做出某些特定的魅力行為後，他們的吸引力大幅提升。

第三個常見的魅力迷思是：你必須改變個性。換言之，你若想變得更有魅力，不需要強迫自己改變個性，也不必勉強自己去做違背內在本質的事。

三個談話技巧，迅速提升魅力

事實上，你只需要學習一些新技巧。

透過魅力訓練，你將學到如何展現具有魅力的儀態、如何溫柔的與人目光交會，以及如何調整聲音讓人專注聽你說話。

下面三個談話技巧，能迅速提升你的魅力指數：

- 句子結束時，降低你說話的聲調。
- 別急著點頭，次數也別太頻繁。
- 開口前，先停頓整整兩秒鐘。

你會發現，這些都只是小小的調整，並不是要徹底改變核心價值。你可以隨己所願保留本性，不需更改。

剛開始運用這些技巧和行為，會不會讓人不自在呢？或許會。然而，就像小時候學刷牙一樣，起初覺得不習慣，但現在它早已成為你每天不經大腦就可以做的一件事。

就像大多數的新技巧一樣，展現魅力的行為起初可能讓你覺得彆扭，但透過練習，終究會成為你的第二天性，就和走路、講話、開車一樣自然。本書將一步步指引你學習這些行為，進而內化成為你的一部分。

無論是下棋、演唱或是擊出快速球，都需要刻意的練習。魅力這項技巧同樣必須透過刻意的練習來養成。更何況，我們隨時隨地都在與人互動，因此施展魅力的工具每天都派得上用場。

我相信人們的魅力指數能隨著刻意的練習而改變，因為我已經透過這樣的方式，幫助過無數的客戶提升個人魅力。我也訪談了客戶身邊的人，分別在課程前後詢問他們對這些客戶的看法；事實證明課程結束後，他們對這些人的看法也跟著改變。此外，受加州大學柏克萊分校商學院的委託，我也在該校大學部與研究所開設了一系列魅力與領導力的完整課程，傳授這些魅力工具。

跟著本書的指示練習，你將能提升個人魅力。這些工具一旦成為你的第二天性，便會深植於你的大腦，讓你的舉止自然散發出魅力，這將是你從此以後重要的能力。

本書能帶給你什麼幫助？

魅力是門學問，所以我認為：先學習其背後行為與認知科學，再設法整理出最實用的工具與技術。本書會協助你將理論付諸實踐，進而加速你的學習曲線。

書中會提供一些事半功倍的工具，還有從各領域整合出最佳且最有效的技巧——包含行為、認知與神經科學，以及冥想等廣泛領域；至於技巧，則是從頂尖運動員的訓練到好萊塢的方法演技（Method Acting）都將一一介紹。

我也會列出相關（有趣或吸引人）的學術理論，但更重要的是，我會提供非常實用的工具。我想傳授一些可以讓人隨時派上用場的訣竅，等你擁有足夠的技巧與自信後，就能有登峰造極的表現了。

然而，光是閱讀不去實踐，效果勢必有限。想要看到成效，就必須用心將書中內容付諸實行。如果某個練習要求你閉上雙眼，想像一幕景象，請你確實閉上眼睛，照著去做。假如要你寫下一段情境，請拿出紙筆開始書寫。

每當我受聘到公司訓練主管時，他們都必須充分配合，因為沒有別人可以代替他們做這些練習。若只是快速翻看這些練習，誠心誠意允諾自己「以後」再做，這是行不通的；此外，你也不能只挑看似容易或有趣的練習來做。我之所以要求你做某件事，一定有我的道理，而且它勢必會實際提升你的魅力指數。

你在本書學到的技巧，有些能產生立竿見影的效果，像是學習如何在一大群人或幾個人面前，以魅力之姿發表言論；有的技巧則得花上好幾個星期才會見效。有些技巧可能出乎你意料之外，譬如你會發現，腳趾頭竟然是你展現最大魅力潛能的關鍵。

我請教一位客戶，他可以提供初學者哪些建議？他表示：「妳不妨跟他們這麼說：雖然剛開始讓人想奪門而出，還會被帶離原有的舒適圈，但這一切都是值得的。」許下承諾，好好做你的功課吧！

第二章

臨在感、影響力與親和力

展現魅力的行為可拆解成三大核心元素：臨在感、影響力與親和力。這些元素不但和我們有意識的作為息息相關，也與我們下意識的行徑密切連結。人們會從我們肢體語言的細微變化接收訊息，當中許多是我們不自覺就傳送出去的。本章將探討我們如何控制這些訊號。想變得有魅力，我們必須選擇適當的心理狀態，好讓我們的肢體語言、說出的話和行為舉止都一致，自然流露出這三項核心元素。由於臨在感是打造魅力的一切基礎，我們就從它開始吧！

臨在感：全神貫注於當下

你是否曾有過類似的經驗：和別人講話時，你只留一半的心思在當下，另外一半則想著別的事情？你覺得對方會不會發現呢？

若是你和別人對話時沒有全神貫注，那麼你的眼神極有可能會呈現呆滯，或是臉部反應延遲個半秒鐘。由於人腦可以讀出細微的臉部表情變化，小到連十七毫秒的變化都察覺得到，所以和你對話的那個人想必會注意到你慢半拍的反應。

我們以為自己可以假裝專注當下、可以假裝傾聽。我們認為，只要外表看起來全神貫注，就可以任由我們的大腦去想別的事情。然而，這樣的想法是錯的。我們和別人談話時，若沒有全心專注在當下，對方一定會發現。我們的肢體語言會傳達出（多半是下意識的）明確的訊息，對方會看見，進而回應。

相信你一定有過這樣的經驗：你和人講話，但對方並沒有認真在聽。不知為何，對方就是沒把全副心思放在你們的談話上。他們可能以為只要表現出傾聽的模樣，就不會失禮。但你當時是什麼感受呢？覺得對方敷衍？火大嗎？或只是很不開心？我在哈佛大學授課時，有位學生說：「最近我碰巧遇到類似的情況，我感覺對方根本沒把心思放在我們的對話上。我覺得很火大，彷彿我們這段對話不如她其他事情來得重要。」

心不在焉不但會讓對方察覺，也可能給人不夠可靠的印象，甚至造成更嚴重的心理效應。倘若別人認為你不夠誠懇，那麼你很難獲取那人的信任、更深入的交往，或是對你的忠誠。如此一來，就不可能讓人覺得你有魅力。

臨在感是一種可學習的技巧，就像繪畫或彈鋼琴等各種技能，藉由持之以恆的練習來提升層次。所謂的臨在，就是指「覺知此時每分每秒發生的事情」。它也意味著全神貫注當下進行的事情，而不是任由思緒隨意飄動。

如今，你已了解到缺乏臨在感的代價，不妨試試下面的練習，測試你的臨在感大小，同時學習三項簡單的技巧，可瞬間增強你和別人對談時的魅力。

臨在感

練習時間

以下是一些有助於保持臨在感的技巧，從「觀想訓練法」改編而來。你只需要找個安靜的地方，讓你能閉上雙眼一分鐘（站著或坐著都行）。

將計時器設定為一分鐘，閉上雙眼，試著把注意力放在下列三件事之一：周遭的聲音、你的呼吸，或是你腳趾頭的感覺。

- 周遭的聲音：聽聽四周環境有什麼動靜。就像某位冥想老師告訴我的：「把你的耳朵想像成衛星天線，被動且客觀的接收聲音。」

- 你的呼吸：不但要專注在呼吸上，還要體會空氣在鼻腔進出時的感覺；只專注在呼氣與吸氣，並試著感受那吸吐之間的所有變化；把呼吸當成是你全神貫注的事情。
- 你的腳趾頭：全神貫注在你腳趾頭的感覺，這麼做讓你不得不將心思貫穿全身，有助於你專注在當下的身體知覺。

進行得如何呢？你是否發現，儘管你已想盡辦法想要維持意念，思緒卻一直飄忽不定？想必你已經知道，要保持全神貫注並沒有那麼容易，主要原因有兩點：

第一是我們的大腦本身就是設計來注意新奇的刺激，舉凡視覺、味道或是聲音的刺激都一樣。我們就是設計來分心的：每當新的刺激出現，我們得馬上注意到。這個新刺激可能攸關重大！「它」可能會吃掉我們！靠著這樣的天性，我們的老祖先才得以存活下來。想像一下，有兩位部落男子在草原上打獵，四處獵尋羚羊的蹤跡，好讓家人飽餐一頓。突然間，遠方隱約出現模糊的影像，倘若其中一人沒能立即注意到，他們便可能淪為獵食者的大餐，當然也就不可能留下我們這些後代。

第二是我們的社會鼓勵分心。我們不斷接受來自四面八方的刺激，我們天生的本能因此疲於奔命。這樣下去，到頭來可能讓我們陷入「連續性局部注意力」（continuous partial attention）的處境，對每件事都無法全神貫注。換句話說，我們一向都處於半分心的狀態。

所以，如果你常覺得自己難以全心專注當下，別太過自責。因為這很正常，畢竟能做到聚精會神的人，少之又少。根據一份由哈佛大學心理學家吉伯特（Daniel Gilbert）聯合主持、以二千二百五十人為對象的研究指出，一般人平均大約有四六．九％的時間是心不在焉的。就連冥想大師在打坐時，也難免會思緒亂飄。事實上，這類笑話在密集禪修課程裡最常被拿出來談笑。

不過，好消息是：只要稍微提升一點臨在感，就足以對你的生活產生極大效用。由於鮮少人能夠全然專注在當下，若是你三不五時展現出全然的臨在，久而久之便會產生驚人的效果。

下一次和人談話時，試著定時檢視你的思緒，查看它是全神貫注，還是飄到了別的地方（構思下一句要說什麼也算）。盡可能時時把意念拉回當下，藉由專注在呼吸或是腳趾頭這短短一秒鐘的時間，回頭將心思放回到對方身上。

客戶在首次嘗試完這項練習後說，「我發現自己放鬆許多，而且是面帶微笑；別人因此注意到我，並報以笑容——但我什麼話也沒說出口。」

若是你覺得上述的一分鐘練習沒有什麼成效，不必灰心。其實，光是反覆做臨在感的練習，你的魅力無形中就提升了。況且，由於你的思維已經有了轉變（認知到臨在的重要，以及缺乏臨在感要付出的代價），現在的你已經領先其他人。就算你決定就此打住，不再繼續讀下去，你還是有所斬獲。

接下來，我們來看看這個練習如何在日常生活中實踐。假設一位同事走進辦公室，想針對某件事情尋求你的意見。可是你等一下有一場會議要開，只有幾分鐘的空檔，你擔心時間不夠用。

假如對方和你講話時，你依舊滿腦子擔憂，那麼你不但自己感到焦慮、無法集中注意力，同時也讓對方覺得你焦躁不安、心不在焉。最後，你的同事可能會推斷你沒那麼在乎他或他的問題，所以才不願花心思聽他講話。

假如你想起可以運用某項快速調整的方法——花一秒鐘把注意力放在自己的呼吸或腳趾上，迅速將思緒拉回到當下。這種專注當下的臨在感，將表現在你的眼神和表情上，對方也會注意到。像這樣讓對方多次感受到你的全然臨在，他勢必會倍感尊重，覺得你在聽他講話。當你專注眼前，全然的臨在感會以一種非常正面、富含魅力的形式，展現在你的肢體語言。

魅力的關鍵，不在於你花多少時間和對方互動，而在於你是否能專注於當下。全然的臨在感能夠讓你獨樹一格，讓人對你印象深刻。一旦你展現全然的臨在，就算短短五分鐘的對談，也能產生驚奇效果，以及心靈相通的感覺。和你在一起的人會感受到你對他們的關注，彷彿此時此刻他們在你心中是全天下最重要的人。

有位客戶每當壓力太大或是手邊同時有許多工作要做時，經常會惹惱別人。因為每次有人來找他，他總是無法專心聽對方講話，整個心思還停留在手邊剛做到一半的工作上。到後來，對方會覺得不受重視、被他隨便打發。

實際做了幾次專注練習後，他告訴我：「我終於知道偶爾展現出全然的臨在有多麼重要，我也學習到保持當下專注的技巧。因此，每個人走出我辦公室時，都覺得自己備受重視、覺得自己是特別的。」他還說，這項練習是所有我教他的技巧裡最好用的一個。

提升臨在的能力，不但能夠改善你的肢體語言、傾聽技巧與專注力，甚至能幫助你更懂得享受生活。太多時候，就算碰上特別的時刻——像是慶祝活動，或只是和心愛的人共享幾分鐘的優質時光，我們的心思依舊像脫韁野馬，怎麼也拉不回來。

冥想訓練師布萊克（Tara Brach）以「臨在感」的訓練為終身志業。她是這麼說的：「大多時刻，我們的內心都不停的對目前發生的事下評論，想著我們接下來該怎麼做。我們跟朋友打招呼時，可能會熱情擁抱，當下卻因為腦中太專注於算計——要擁抱多久？擁抱之後要和對方說些什麼？反而讓這份熱情減弱許多。我們只是匆促做了動作，卻沒能全然臨在。」若能保持專注，你便能全心享受並品味當下美好的時光。

你學到的三項快速調整方法，不但可以活用在與人交際上，而且透過練習，將內化成你的習慣。要記住，每當把心思拉回到當下，便能獲得極大的回報：你會更具影響力、留給人更深刻的印象、更易親近。這些都是奠定你成為魅力人士的基礎。

而今你已經學到臨在感的意義、它對魅力的重要，以及全神專注的技巧；接下來讓我們繼續看另外兩個重要的魅力特質：影響力與親和力。

影響力與親和力

某些人被視為有影響力，表示他們有能力影響我們周遭的世界；或許是透過令人臣服的權力或勢力，也可能透過傲人的財富、專業、智能、身體力量，或是社會地位。我們從一個人的外表、別人對他的反應，以及最在意的肢體語言，來判斷他是否具有影響力。

至於親和力，簡單來說，就是對別人友善。一個人具有親和力，代表他或許願意運用既有的影響力來幫助我們。親和力的明顯特徵如親切、利他主義、有愛心、樂意以正面的方式影響周遭世界。一個人是否具有親和力，從肢體語言和行為上幾乎完全看得出來，比起影響力更容易辨識。

我們要怎麼判斷一個人有多少的影響力或親和力呢？想像你現在要和某人初次見面。在多數情況下，我們不太有機會做詳盡的身家調查，或是向對方親朋好友取得相關資訊，更不可能在見面時，有充裕時間觀察對方的行為。因此，我們多半必須在短時間內迅速做出猜測。

在兩人的互動過程裡，我們會憑直覺找尋線索，初步推估對方的親和力或影響力高低，隨著資訊愈來愈多，再逐步調整最初的假設。昂貴的穿著會讓我們「以為」對方很有錢，友善的肢體語言會讓我們「以為」對方充滿善意，自信的姿態會讓我們「以為」對方必定有兩把刷子。大體而言，人們會接受他人投射出來的模樣。

不管是影響力還是親和力，都能夠幫助你提高魅力指數。不過，若能同時兼具兩者力量，你的個人魅力更能夠大幅提升。

顯現你影響力的方式非常多，從聰明才智（如比爾．蓋茲）到慈悲（如達賴喇嘛）都是。在遠古時代，要獲得權力，大多是靠「野獸般的蠻力」。聰明才智或許很重要，但不像今日這麼有價值（難以想像比爾．蓋茲在叢林裡求生會是什麼模樣）。那些靠著蠻力或侵略來獲得影響力的人，鮮少能表現出親和力。換言之，你很難在一個人身上同時感受到影響力與親和力，有的話真是難能可貴：手握生殺大權、又對人仁慈的大人物，在生死交關的時刻通常會給人活路。知道誰握有實權又可能幫助我們，對於我們的生存永遠是最重要的事。

這說明了我們內心為何會對影響力與親和力有如此強烈的反應。這就好比我們對脂肪與糖有本能上的需要一樣，我們的祖先明顯愛好這兩種東西，因為可幫助他們存活，只是在遠古時代極其缺乏。儘管今日這兩樣東西已遠比以前普遍，我們本能上仍然對它們有著需求。對於魅力的認知也是同樣道理：儘管在現今社會，兼具影響力與親和力的人遠比過去多，但我們仍會不自覺的深受這兩項特質吸引。實驗研究、神經造影一再證明，這是我們最先用來評估他人的兩項特質。

影響力與親和力兩者都是魅力的必備條件。然而，有權勢卻不夠親切的人或許讓人印象深刻，但不一定讓人覺得有魅力，還可能給人傲慢、冷酷或不友善的印象。另一方面，個性親切卻無權力的人或許人緣不錯，但不見得讓人視為有魅力，反而可能給人過分熱切、卑躬屈膝、一心想討好他人的感覺。

第一章開頭提到的一八八六年英國首相選舉活動中，格萊斯頓就展現出了影響力。他的地位崇高，在政壇舉足輕重，擁有重量級人脈，而且非常聰明、才學淵博，與他共進晚餐的女伴感受到他的影響力，但他卻少了親和力，未能讓女方感到特別。

同樣的，迪斯雷利也展現了影響力。他擁有雄厚的政治背景，過人的機智與頭腦。不同的是，迪斯雷利還有一項才華，在對談時他能夠讓別人覺得自己是聰明且迷人的。除影響力外，他還展現出臨在感與親和力，因此漂亮的打了一場勝仗。

或許還有其他塑造魅力的方法，但臨在感、影響力與親和力，是效果最佳的組合，能幫助你將個人魅力發揮到極致。

肢體動作勝過千言萬語

根據麻省理工學院媒體實驗室（MIT Media Lab）所做的一項大規模研究指出，談判、電話行銷或商業企劃案能否成功，單純從與會者的肢體語言就能看得出來——完全不必聽到談話內容，其準確率高達八七％。

這項結果聽起來雖然不可思議（語言怎麼可能比肢體動作的力量還要薄弱？），但事實上是有道理的。在漫長的人類發展史裡，語言算是相當晚近的發明。在那之前，我們的老祖先向來是透過非語言的方式溝通，絲毫不成問題。因此，非語言的溝通方式早已深植我們腦中，比起後來才發展出的語言能力還要深刻。想當然耳，非語言溝通的效用遠比語言大得多。

就魅力而言，肢體動作比說出的話還要有用。無論你口中的訊息多麼重大，或是你的提案有多麼完美，一旦你的肢體語言不對，你就與魅力絕緣。相反的，若能展現出正確的肢體語言，一個字都不必說，就已展現魅力了。換言之，你只需透過肢體展現出臨在感、影響力與親和力，就能夠打造魅力的模樣。

要點：魅力從心開始

你在讀上一段時，是否察覺到自己的眼皮在眼前規律的開合？沒有嗎？可是它們的確非常有規律的眨動著。

那麼你剛才是否意識到嘴巴裡舌頭的重量？

或是知道你的腳趾頭是怎麼擺的？

你是不是又一次忽略你眼皮的存在？

在我們毫無所覺下，身體時時刻刻傳送著成千上萬的訊息。這些訊息就像我們的呼吸和心跳等無數生理功能一樣，並非由意識所掌控，而是由潛意識主導。換言之，我們的身體語言有太多不是由意識控制的。

這造成了兩種結果：第一，由於我們無法用意識掌控所有肢體語言，我們也就無法任意發送富含魅力的肢體語言。想讓身體傳達出正確的訊息，我們必須同時控制好成千上萬的元素，從細微的聲調變化，到眼部肌肉精確的緊實程度與形態。這幾乎是不可能的任務！換言之，我們無法微觀管理魅力的肢體語言。但是換個角度來看，由於人多數的非語言訊息都由潛意識掌控，因此只要我們能夠適切的引導潛意識，那麼這個問題就能獲得解決。（我們真的能夠辦到，稍後會有學習方法。）

第二，肢體語言會傳達出內心狀態，由不得我們想或不想要公開。臉部表情、聲音、姿勢等所有大大小小的肢體語言，都會據實呈現出我們內心每一秒的情緒變化。由於我們無法用意識去控制心思，所以我們腦袋想的所有事情，都會反映在肢體語言上。

就算我們刻意掌控臉部的主要表情，或是手、腳或頭部的擺放姿態，若是我們的內心現況與努力想要呈現的狀態不一致，臉上遲早會閃過微表情（microexpression）。微表情就算一閃即逝，仍然會讓對方看出來（別忘了，一般人可以讀出人臉部表情十七毫秒的細微變化）。況且，若是我們的主要表情與微表情不一致，對方的潛意識也感受得到，他們的內在會出現聲音，告訴他們事情不太對勁❶。

❶ 事實上，根據史丹佛大學的實驗顯示，人們若是企圖掩飾真實感受，反而會引起對方受威脅的反應。

你是否能辨別真心與假意的笑容？兩者之間有著顯而易見的差別：真心的微笑會牽動兩組臉部肌肉，一組牽動嘴角兩側使其上揚，另一組則帶動眼部周遭的變化。真心的微笑裡，嘴角外側會上揚，眉毛內側會變得柔和並往下掉。但在刻意裝出的微笑裡，只會牽動到嘴角的肌肉。這樣的笑容並未到達眼部，或至少不像真心微笑一樣牽動到那麼多的眼眉肌肉，因此對方可以察覺出差別。

由於心思會反映在肢體上，加上再怎麼短暫的微表情變化，對方都看得出來，所以我們必須先從內心著手，才能由內而外、有效展現具有魅力的行為。

倘若你的內在對於魅力行為不以為然，那麼投入再多的努力或意志力也掩飾不了，潛藏你心底的思緒與情感遲早會浮現出來。不過，若是你的內在處於富含魅力的狀態，那麼不費吹灰之力就能做出正確的肢體語言。因此，學習魅力的首要步驟，同時也是本書最先要談的，就是先培養各種足以產生魅力的肢體語言與行為的內心狀態。

首先，我們探索富魅力的內心狀態：了解這些內心狀態的本質，以及最佳的達成方式，接著學習如何充分整合它們，以便運用自如。學完才會開始練習外在的魅力行為。若將學習的順序顛倒過來，可能會弄巧成拙。好比你正在發表重要的演說，表現傑出，運用了所有剛學會的一流技巧，看起來魅力十足。但突然間，某人說了某件事，嚴重干擾到你的專注力，動搖你的信心，於是你整個人慌張起來，所有你學到的新技巧好似輕煙般從窗口飄走。

光顧著學習外在魅力技巧，卻不學著如何操控內心世界，就像是在搖搖欲墜的房子外頭，加蓋漂亮的陽臺一樣。外觀看來棒透了，可是只要來一場地震，整個房子連同陽臺都會被夷為平地。若是你的內心非常混亂，哪裡有辦法記住（更別說運用）你學到的新技巧？

魅力的內在建設不僅能幫助你管理好內在情緒，更重要的是，讓你在學習魅力的外在技巧之前，先打好必要的基礎。

我常接到許多公司的委託，希望我能幫助他們的主管變得更具說服力、更有影響力、更能激勵人心。這些主管有扎實的專業技能（也就是原始的腦力），讓公司自豪，但他們顯然欠缺社交技巧——這也是他們聘請我的原因。這些主管剛來上課時，都以為他們會學到社交禮儀和商務禮節的表象課程。

然而，我給這些主管的首要之務，是先學習個人的內在能力。唯有具備扎實的內在能力，才能對自己內心發生的變化一清二楚，也才懂得如何掌控它們。一旦自信遭受打擊，他們不僅能察覺得到，還能夠善用技巧回復自信，讓外在的肢體語言依舊保持魅力。

下方的表格是我在教育訓練常用的自我評量表，從年輕助理到執行長都適用。我會請他們用來評估自己，或是他們的部屬。請你花一點時間在下列表格做自我評估，評量自己的專業技能、外在技能和內在能力。

	專業技能	外在技能	內在能力
高			
中			
低			

我看到許多優秀的工程師，無論在別人或自己眼中，都擁有出色的專業技能、普通的外在技能，以及貧乏的內在能力。執行長自我評估的結果，通常是專業技能與內在能力中等，但有極高的外在技能。至於富含魅力的人多半認為自己的技術能力較低，但有很高的外在和內在技能。

雖然魅力人士表示自己的技術能力與同儕相比之下稍嫌不足，但整體來看，他們高超的外在與內在技能反而賦予他們更大的優勢。與魅力息息相關的內在能力包含兩大要點：察覺自己的內心狀態，以及懂得善用工具有效管理它。中國哲學家老子說過：「知人者智，自知者明。」

內心怎麼想，身體就會怎麼表現

認識你的內在世界前，必須先認知魅力塑造的關鍵：人的內心是無法分辨事實與虛構的。只要你明瞭這點，就能夠隨心所欲，而且迅速進入正確的魅力心態。

觀看恐怖片時，你是否感到心跳加速？雖然你清楚知道這只是一部電影，也知道片中演員樂意假裝自己被人謀殺，以換取優渥片酬；可是你的腦一看到螢幕上的鮮血與肚破腸流，立即就轉成「打或逃」模式，大量分泌腎上腺素到全身。

你不妨試試以下的練習：

想一首你最喜愛的曲子。

現在想像用你的指甲刮過黑板。

接著想像你的手伸進一桶沙裡，感受沙粒在你指間磨蹭。

再來嚐看看檸檬和萊姆有什麼差別，看哪一個比較酸？

現實中根本沒有沙，也沒有檸檬，然而在因應這一連串想像事件的同時，你的身體出現非常真實的生理反應。由於腦無法分辨想像與現實，因此這些想像情境依舊會促使腦向全身傳送出與實際發生時如出一轍的指令。換言之，你的內心怎麼認為，你的身體就會怎麼顯現。因此，只要進入魅力的心理狀態，你的身體也會呈現出魅力的肢體語言。

醫學上針對心智對人體所產生的驚人正向效果，稱之為「安慰劑效應」（placebo effect）。它是一項假療程：醫護人員給病人實際上根本沒有療效的「假」藥錠，並告知這個藥可以治療他們的疾病。令人驚訝的是，許多病人接受了這種無藥效治療後，病症仍然獲得實際改善。

「安慰劑效應」是在第一次世界大戰時發現。由於當時藥局已經沒有存貨，所以醫生開立實為止痛劑的安慰劑給病人，最後卻發現依舊能夠減輕部分病人的痛苦。到了一九五〇年代，醫藥界開始進行許多臨床研究，安慰劑效應逐漸廣泛受到認可。回顧人類歷史，多數藥品其實都只具安慰作用：醫生開出的藥劑或療程，就我們現在看來，一點療效都沒有。然而，大部分的病情依然獲得改善，這都是因為心智對生理有著驚人的影響。

「安慰劑效應」有時真的出奇有效。哈佛大學心理學教授南格（Ellen Langer）找來一群年長的病患，安置在一處類似養老院的環境，四周的陳設、穿著、食物和音樂全都是這些人二十幾歲時流行的款式。接下來幾週，身體檢測發現，他們的皮膚變得比之前緊實、視力改善、肌耐力增強，甚至骨質密度提高。

「安慰劑效應」是眾多魅力提升技巧的基礎，因此本書會一再提到。事實上，或許你早已對這項效應習以為常，許多練習對你而言可能有似曾相識的感覺。所以接下來各章，我們將會協助你微調這項技巧，讓你原有的習慣更加精確有效。

不過心智對生理也會產生負面影響，我們稱之為「受害效應」（nocebo effect），指心智在因應完全虛構的事件時，對身體產生有害的結果。在某項實驗裡，受試者是一群對有毒常春藤過敏的人，研究人員在他們身上塗抹某種完全無害的葉子，但告訴他們這是有毒的常春藤。結果每個人身上剛塗抹的部位，全都起了紅疹。

在開啟我們魅力能量的過程裡，「安慰劑效應」和「受害效應」都扮演了極關鍵的角色。因為心裡想的任何事情都會影響到身體，加上心智分不清楚真實和想像的差別，所以我們心裡想像的每一件事，都能左右肢體語言，當然也就影響我們的魅力指數。想像力究竟能大幅提升我們的魅力，還是局限它們，端視你腦袋裡想的是什麼。

現在，你已經學到大多數一流內在魅力工具的基礎，稍後我們會不斷再提到它。

隨身魅力要點

- 魅力有三大核心元素：臨在感、影響力與親和力。
- 臨在感是專注眼前的事情，不讓思緒被牽著走；它能給我們極大的回饋。當你展現臨在，周遭的人會覺得獲得傾聽、備受尊重與禮遇。
- 由於身體語言會向周遭的人透露出內心狀態，因此若想要有魅力——展現臨在感、影響力與親和力，你必須呈現出有魅力的肢體動作。
- 因為你的心智無法分辨真實和想像的差別，所以只要創造出魅力的內心狀態，你的肢體語言自然就會呈現出魅力。
- 要成為有魅力的人，內心狀態相當重要。唯有擁有正確的內心狀態，才會自然流露出正確的魅力行為與肢體語言。

第三章

為什麼我們無法表現魅力三特質？

米開朗基羅堅稱，他傑出的雕像作品沒有一樣是他「創造」的，他只是把它們「顯現」出來而已。他認為自己唯一的才能就是一雙慧眼，能夠看出深藏在大理石內的雕像。他需要的不過是鑿石技巧——知道該如何去蕪存菁，讓雕像浮現。這正是本章的重點：教你辨別掩蓋自己魅力本質的雜物，好顯現你的個人魅力。

現在你已經知道，內心狀態會明顯影響你肢體語言的魅力。然而，許多東西可能（也時常）干擾你保持正確的內心狀態，讓你無法發揮臨在感、影響力與親和力。若想提升魅力指數，首要之務是認清有哪些內在阻礙，抑制了你的魅力能量。以下將探討這些干擾你展現魅力的生理及心理疙瘩。

別讓生理不適降低你的表現

一樁金額高達四百萬美元的交易，卻差點因為一件黑色羊毛西裝而破局。

某個炎熱晴朗的日子，曼哈頓鬧區人車喧嚷的繁忙街道上，湯姆坐在一間餐廳前庭裡，身穿他最好的一套黑色羊毛西裝，專心的看著菜單；坐在對面的保羅也正專心看著菜單——在這之前，湯姆已經與保羅的公司洽談好幾個月的時間。一旁的服務生很快記下兩人的點餐，俐落的收走菜單離開。

過去幾個月來，湯姆和他的團隊全副心思都在這個案子上，分析了各種數據，演練所有可能的狀況。他們非常確信他們的系統能為保羅省下時間與金錢，但對保羅而言，這卻是一大賭注。畢竟，換新整個公司的系統是個重要決定，萬一錯了，後果可能難以收拾。要是聖誕節一早系統停擺怎麼辦？這時網路商店尤其不得出錯呀！若是真的出現危機，湯姆和他的團隊又是否能夠馬上化解？

保羅決定給湯姆最後一次機會說服自己。而對湯姆而言，這筆生意可能是事業的一大轉捩點。他對系統的品質非常有信心，也相信團隊會全力以赴。現在，就看他怎麼把這股滿滿的自信傳達給保羅了。

當保羅問起突發狀況的應變，湯姆早已有備而來。不過，正當他描述處理細節的同時，他開始因為身上的西裝而坐立難安，不斷將手伸進衣領。此外，保羅還發現湯姆的雙眼瞇成一條線。保羅猜想，「他的眼睛會這樣，是因為壓力嗎？」湯姆的表情看起來既緊張又不自在，這讓保羅直覺事情不太對勁：「出了什麼問題嗎？」

保羅沒有看錯，湯姆的眼睛與表情的確呈現緊張神態，但這和他們正在談的生意一點關係也沒有。由於在晴朗大熱天裡穿著黑色羊毛西裝，湯姆單純只是感到「生理上」不舒服。

假如你是湯姆，會怎麼反應？就算沒有穿著令人發癢的西裝，想像一下自己大晴天坐在露天餐座，正談論重要事宜，突然間陽光直射雙眼，你的眼睛自然而然瞇成一條線。眼部肌肉遇上這類外在刺激的反應，就和遭受內在刺激時如出一轍。換言之，在他人眼中，你的臉因陽光刺激呈現的不適反應，就和你生氣或不贊同的表情是一樣的。旁人會看到你的眼部反應，但未必知道真正的原因純粹是陽光太強。他們因為專注在和你的談話，所以很難不將你的緊張反應解讀成是你對談話內容的不安。

事實上，這類錯誤解讀他人反應的情況相當普遍，因為大多數人都傾向把事件解讀成與自己有關——無論它是不是針對我們個人。舉例來說，假如在前往重要會議的途中遇上塞車，我們可能會想：「為什麼這種事偏偏發生在『我』身上？」

身體上的任何一點不適，不僅讓人看出你外在狀態的轉變——亦即肢體語言的變化，更影響到你在他人眼中的魅力指數。和他人互動時，對方可能覺得（至少在下意識）你做的每個動作，都和他有關。

生理的不適不僅影響外在表現，也會影響到內心狀態。有些不適（例如飢餓），可能會在許多方面降低你的表現。你應該早就知道，肚子餓的時候，思緒比較渙散，或至少對食物以外的話題無法認真思考。許多研究證實，血糖太低會讓注意力下降，連帶情緒與行為調節能力也會出問題。也就是說，此時的你可能比較難進入魅力所需的特定心理狀態，因而無法如願展現出想要的魅力行為。

想要化解生理不適對魅力造成的負面影響，方法很簡單：預防、覺察，以及補救或解釋。

事先做好準備

事前就做好防範，是最理想的方法，如此就能杜絕不適狀況。盡可能事先做好規劃，確保身體上的舒適，在進行任何事之前都能謹記這點，將更容易展現魅力。

選擇會面地點時，也必須將身體的舒適度納入考量。例如會面地點的環境是否舒適，會不會太冷、太吵，食物份量是否足夠？還有見面時間是否合適？此外，你的肢體語言一旦反映出你身體上的疲勞，很容易讓人覺得你沒有熱情。

再者，記得選擇適當的穿著，避免會讓你發癢、不合身，或是會讓人分心的衣服。你可能不自覺，但生理上的不適會耗掉部分專注力，並削弱表現。衣服必須夠寬鬆，呼吸才能順暢（足以做深層的腹式呼吸，而非淺層的胸式呼吸）。呼吸愈順暢，進入腦內的氧就愈多，你的內在狀態也就愈好。

有些人會想藉由亮麗或高雅的裝扮，建立自己的強烈信心，就算衣服不舒服也沒關係。怎麼穿著打扮，決定權在自己，最好能穿著讓你感到舒適又能讓外表充滿自信的服裝。千萬不要因小失大，因身體上的一時不舒適而影響表現，錯過了可以贏得優勢的機會。

曾有個年輕人跟我說，他的眼睛對陽光特別敏感，甚至會導致臉部表情僵硬，但就算他向別人解釋，多數人還是半信半疑。為了解決這個困擾，他會提前到會面地點勘察環境，確保自己的座位不會面向太陽；不然就是情況一不對就立刻換位置。他很清楚自己的問題，所以會盡可能在問題發生前先採取行動防範。

覺察與補救

調整身體不適的第二步是覺察。時時檢查自己的臉部表情，看看有沒有變得僵硬。這時臨在感可以協助你：你愈是活在當下，愈容易注意到自己的肢體動作是否已出現壓力反應。

第三步是採取行動。若你意識到臉部表情變得僵硬，務必做一些彌補。在別人誤解前，試著改善身體不適，同時化解誤會。

讓我們再回到餐廳前庭的對話，回到陽光直射湯姆雙眼的當下。現在你知道他不應該試圖忽略身體不適。他其實有辦法解釋或補救。譬如輪到他講話時，可先停頓一秒，把手舉起來擋一下陽光（這種視覺暗示滿有效的），接著詢問：「你介不介意我們換個位置？我的眼睛對陽光非常敏感。」

假如生理不適無法改善，你更有必要讓對方知道，別讓他把你的緊繃感受當成是針對他個人。花點時間向對方解釋，讓他知道你的不適是因為某個特定原因。比如你一直受到附近工地噪音的干擾，請向對方解釋清楚。把話講明白，可讓彼此放下這個問題，繼續談你們的正事。

處理內心的不適狀態

心理上的不適會透過我們的肢體展現出來，不僅影響我們的感受，也影響他人對我們的看法。內心的不適可能來自焦慮、不滿、自我批判或是自我懷疑，這些全都屬於內在的負面情緒，每一種都可能阻礙我們施展個人魅力。

學會有效處理內心不適，甚至比學習處理生理不適的技巧來得更重要。接下來是本書最富挑戰也是最重要的章節。過程中你可能會覺得困難，但我保證，到最後你一定會有斬獲，同時也為後面章節奠定了穩固的基礎。

因未知而引發焦慮，試著責任轉移

你是否曾經心情亂糟糟，提心吊膽的等候最後結果？你會不會有時候寧可聽到壞消息，也不願意像這樣一顆心懸在半空？例如你最近交往了新對象，突然間對方不再回你的電話。你滿腦子想著各種可能，一心納悶對方為何不再聯絡。你是否寧願對方給你一個明確答案，告訴你們之間結束了，也不希望這樣苦等？就算答案是被拒絕，至少事情有了交代。

對我們大多數人而言，內心一旦產生懷疑或不確定，往往很不好受。美國認知療法協會會長李希（Robert Leahy）表示，他的病人常反映，就算被診斷出不好的病症，也不願一顆心七上八下；即便繼續等待，有可能等到好結果，但他們就是無法忍受這個過程。

這種對不確定感的低容忍度，衍生出各式各樣的後果。可能讓我們草草做出決定；重挫我們談判的能力——為了填補尷尬的沉默時刻，加上無法忍受不知道對方在想什麼的不確定感，我們常透露出許多不該說的。最嚴重的是，它會讓我們變得焦慮。

然而，焦慮對魅力來說非常不利。首先，它會影響我們的心理狀態：當我們感到焦慮時，顯然很難維持全然的臨在狀態。此外，焦慮還會降低我們的自信。焦慮、臨在感不足、缺乏自信都會直接反映在肢體語言上，同時阻礙我們展現親和力。

不過，有件事倒是相當肯定，那就是不確定感不會消失。想想今日商業與科技的快速成長，以及無法預知的經濟劇變，不確定感與混沌難明逐漸成為現代人日常生活的一部分。懂得妥善處理不確定感，必定能比其他人擁有更大的優勢。

假設你正面臨一件棘手情況，結果仍不明朗。你設想各種可能的結果，個別制定出最佳的因應策略。截至目前為止，一切都還不錯。只要你把每種可能的結果都想清楚，最理性與合理的做法就是把這件事情放下、不再想它，然後照舊過你的日子，等時候到了，再採取該有的行動。

然而，我們多數人的心裡難免反覆想著不好的結果，一再修改原本擬好的計畫，心中也不斷重播可能的情境，不只一次排練即將發生的對話——次數多到幾近病態的程度。

和保羅會面的前幾個星期，湯姆不斷想著各種可能。一開始，他想像會有理想的結果，以及隨之而來可能發生的各種事情，愈想愈遠。他想到要打電話給某些人，邀他們參與他的計畫，同時排出聯絡的優先順序。但另一方面，他也擔心萬一被拒絕怎麼辦？於是心裡接著盤算該採取的行動，如怎麼向上司解釋這樣的結果，以及如何向團隊交代等等。

接下來三天，湯姆發現這兩種情景不斷在心中浮現，大腦一再重播因應這兩種可能情景所擬的計畫。開車上班途中，他發現自己在心中排練向上司說明受拒原由。上班時間，他也注意到自己望著窗外，想像著向團隊成員宣布勝利的情景。湯姆試著停止去想這些事，以免忽略其他更緊要的事，可是他的心思一直在這上頭打轉，停不下來。

湯姆之所以放不下，正是因為我們的內心討厭不確定。大腦一旦遇上不夠明朗的情況，就會閃現錯誤信號。不確定感對大腦而言就是壓力：唯有縞止，才能讓身體回復舒適。

我們對不確定感自然產生的抗拒反應，起因於另一個遠古以來就有的生存本能。對於熟悉的人事物，我們向來比較安心，畢竟他們不曾對我們的生命造成威脅。反觀未知或不確定，可能帶來危險。

學習如何應對不確定感非常重要，除了這些技巧可提升魅力之外，與不確定感和平共處的能力，可說是商業人士成功的重要條件之一。這項發現是由柏克萊大學商學院創新中心主任伯曼（Adam Berman）提出的，也是他在追蹤商學院校友就業情況後做出的結論。

鮮少有商學院會特別開設課程，教授學生如何因應不確定感；但數十年來，心理學家一直在幫助人們提升這項技巧。於是伯曼請我開設一門課程，協助主管面對不確定感，進而擁抱它。當時他建議我檢視心理學領域研發出來的工具，從中挑選適用商業界的方法。從那時起，我就替許多公司量身設計合適的工具，至今效果仍舊非常理想。

如何降低對不確定的不適感？多年經驗下來，我發現「責任轉移」（responsibility transfer）這項技巧特別有效。當我們面對不確定時，其實最想要的，是事情到頭來能順利進行。如果我們可確保事情順利完成，每件事都有人負責，不確定感就不會產生那麼多的焦慮。接下來，不妨花點時間做以下練習；若是想從頭到尾聆聽語音指引，請連結到網站 www.CharismaMyth.com/transfer。

責任轉移

練習時間

一、舒服的坐著或是躺下，放輕鬆，把眼睛閉上。

二、做兩、三次深呼吸。吸氣時，想像自己將純淨的空氣引導到頭頂。呼氣時，讓這股氣息快速竄流全身，洗淨所有的憂慮與煩惱。

三、選擇某個仁慈的神祇——上帝、命運之神或宇宙都行，視個人信仰而定。

四、想像把肩上扛著的憂慮一一卸下——眼前的會議、對話、這一天……，轉移到你選定的神祇肩上。現在，你所有的憂慮全轉交祂們負責。

五、觀想自己肩上的所有重責全數卸下，現在的你不必再對任何事物的結果負責，感受一下前後的差異。每件事都已獲得託管，你現在可以好好坐下，放鬆享受這美好的過程。

下回當你發現自己的思緒不斷想著各種可能結果時，要特別留心。假如你發現自己開始鑽牛角尖，滿腦子想著各式各樣的後果，不妨試著將責任轉移出去，幫助自己減輕部分的焦慮。想像有個全能的神祇——宇宙、上帝或命運之神，隨時能夠替你託管心中所有的煩惱。

練習的結果如何？你是否感受到身體的任何變化？大多數的客戶向我表示，在做完責任轉移之後，有的人感覺身體變得輕盈，有人則覺得胸襟變得更開闊。如果你沒有任何的生理反應或感到內在放鬆，可能純粹是因為你心中的不確定感並未引發焦慮。如果你感受到不一樣，那是因為你剛才已成功的將責任轉移出去了。

這些年來，許多客戶向我反映，他們經常運用這項技巧，已自然而然變成一種習慣。每多練習一次，就愈容易進入觀想、更輕易將每天的憂慮煩惱轉移出去，也能更自在的享受轉移後生理的改變。這項技巧之所以有效，是因為我們給予大腦某個情景，於是大腦的第一個反應就是把它當成實際發生的事。

參與「哈佛暨麻省理工大學醫療保健科技研究計畫」（Harvard-MIT Health Sciences and Technology Program）的科學家博索（William Bosl）在最新的核磁共振攝影（MRI）研究裡指出，人腦對於信任、懷疑和不確定感有以下各種反應：

「我們大腦的設計機制有一定的順序，首先是理解，再來是信任，最後才是懷疑。由於懷疑需要耗費更多的認知心神，所以我們的生理會對事件先有反應。況且，雖然信任的想法只維持短暫時間，卻足以讓我們的心理與生理都感到安心，進而改變我們的思維、減輕不舒服的感受。」在認知層面出現懷疑之前，我們的生理已經先對視覺影像產生反應。此外，視覺影像會繞過認知迴路，直通我們大腦的情緒層面。

責任轉移並不會真的消除不確定性（結果仍舊未知），但會讓不確定感沒那麼難以忍受。單憑這點就夠了。人們總想竭盡全力擺脫不確定引發的焦慮，因此做出草率決定或是故意放任事情擺爛等，用各種方式企圖改變心情、麻痺內心的焦慮。責任轉移則是承認不確定感的存在，但幫助你不會受到太大的影響，將你拖離不確定所引發的負面情緒和生理反應。雖說事情的結果依然未知，但你不再那麼焦慮。

讓你的心智以為責任已成功移轉出去，等於徹底運用安慰劑效應——利用腦無法分辨想像與真實的特性。稍後章節我們會發現，即使我們清楚自己在欺騙自己，安慰劑效應仍然有效，這或許得歸因於腦認知生來就對起疑慢了半拍。

一位客戶在某場重要發表會臨上台前，使用了這項責任轉移技巧。這場發表會攸關他的事業前途，他已經緊張了一整個星期。到了關鍵時刻的前一個鐘頭，他更加焦慮了，胃開始翻攪。當執行長轉身對他說：「好了，下一個就輪到你了。」他覺得壓力指數瞬間飆高，感覺自己的肩膀、臉部、眼睛都非常僵硬。

他很清楚，僵硬的肢體語言對演說有多大的殺傷力。於是他走出房間，找一個僻靜角落，閉上雙眼，花三分鐘的時間，想像將自己表現好壞、發表會成敗的責任，全部轉移到某個仁慈的神祇肩上。他告訴我，他隨即感受到一股從頭到腳貫穿全身的輕鬆。最後，他的演說精采十足。

以我個人來說，信仰的是仁慈的宇宙之神。祂對於我的人生（包括世間萬物）有一套周全規劃。我認為這套信仰和自己相當契合，因此會把所有發生的事情都當成是宇宙之神規劃的一部分。一旦察覺自己的焦慮指數上升，我往往會進行一段簡短的想像，將自己的責任轉移出去。奇妙的是，瞬間我就能感受到一陣輕鬆、溫暖、平靜與沉著。我感覺自己全身放鬆下來，彷彿整個人亮了起來。

從比較牽扯出不滿

想像現在是星期五晚上，你出席一場大型晚宴，會場裡擺放許多桌子，每張都坐滿了人。你們這一桌聊的話題相當沉悶，不像你上次參加的晚宴那麼有趣。更糟的是，鄰桌不時傳來笑聲。你是否會不禁揣想：真希望我能夠坐到隔壁桌，那裡比這裡有趣多了？

人類的天性就是喜歡比較。每當經歷某件事情，我們總習慣拿它跟以往的經驗，或是理想中的情境相比。當我們面臨多樣選擇，希望做出最佳抉擇，以獲得最理想結果時，這樣的習性會變本加厲。

然而，這當中的每個動作，對魅力都是種傷害。光是比較和評議，就會阻礙我們展現全然的專注。企圖追求理想結果的念頭，不僅會削弱我們的臨在感，也會產生焦慮，因為這種企圖讓我們壓力大增。再者，負面的評議容易讓我們陷入負面情緒，譬如不滿、嫉妒、忿忿不平。

由於我們愛比較的心態深植腦海，想改掉這個天性得費番工夫。與其如此，不妨在察覺到自己開始比較時，就運用責任轉移的技巧，減輕因比較而引發的內心不適。

自我批判的無聲攻擊

假設你正要去參加一場重要的工作面試。隨著面試時間逼近，你的內心開始出現自我懷疑，批判聲音不斷攻擊你，而且一再浮現過去失敗的記憶、丟臉的事與不適任的經驗。於是，你的焦慮開始升高。若是你不知道如何巧妙轉化內在批判聲浪對生理的影響，你的表現勢必會變得遜色。（別擔心，你將會在第四章學到應付這類情境的所有技巧。）

我們如何看待自己，將會影響我們的表現，程度之大是其他事情難以比擬的。運動員都很清楚，無論他們的體能多麼棒，只要心理狀況不好，表現一定會大打折扣。負面心態的確會對生理造成實際影響。當內在聲音開始火力全開的批判我們，我們會覺得就像遭受真正的砲轟攻擊一樣。

我們的腦無法區分想像與現實，所以內心自然將這些攻擊視為實際發生的外在攻擊，讓生理自動產生了威脅反應（threat response），也稱「打或逃」反應。

大家都清楚這種反應引發的一連串效應。就像斑馬遭到獅子獵殺而奮力奔跑一樣，人體在這種反應下會大量分泌腎上腺素及可體松（壓力荷爾蒙），經由血液流遍全身，並將所有資源導向關鍵功能：心跳與呼吸加速、肌肉產生反應、視覺變得敏銳等。此時，身體不再在乎能否多活十年，只在乎能不能多活十分鐘。它會關閉所有無關緊要的功能，像是肌肉修復、消化、免疫系統；同時也會關閉那些「可有可無」的功能，像認知推理等。換句話說，由於智能思維對存活派不上用場，它的功能就遭到關閉。

神經系統導航中心（NeuroLeadership Institute）創辦人洛克（David Rock）表示，「威脅反應會削弱分析思考、創意思維，以及解決問題的能力。」這類負面心態不只影響我們的生理表現，也會影響別人對我們的看法。

假設你正在和別人講話，提到某件事時隨即跑出一個念頭說：「哎呀！我怎麼說出這麼蠢的事？」此時，你的臉上會出現什麼表情呢？臉部肌肉應該會抽搐，表情可能會變得緊繃。如先前提過的，由於我們無法控制自己的肢體語言，因此心裡有任何負面想法，最後都會反映在我們的臉上。

就算負面表情只是一瞬間，談話對象還是會注意到。他們只知道你是在看著他、聽他講話時，臉部閃過一絲負面表情。他們自然會當成是你對他們的反應——可能是他們講的話、做的動作或是你對他們有什麼意見。這個例子說明了內在負面情緒如何左右你的肢體語言，進而影響你的表現和魅力。

不管在哪個領域，自我批判都是影響表現的常見障礙之一。在商場上，不少人稱它為「沉默殺手」，有太多的主管深受其害，但鮮少有人敢公開談論。

各界人士（從資淺的助理到最資深的主管都有）向我坦承，每天上班時，腦子都會不時出現負面想法，內心的批判聲音常會直指個人的毛病，不然就是唱衰自己的計畫或提案。有些人很驚訝（我也同樣驚訝）自己在這種情況下還有辦法把事情做完。如某位主管跟我說的：「我一天當中有八〇％的時間，都在和我的內在批判聲音對抗。」

自我懷疑

所謂的自我懷疑，簡單來說，就是對自己完成某件事情的能力缺乏信心；換句話說，我們要不是懷疑自己沒能力做到，就是懷疑自己學不會。更糟的是，我們擔心自己缺乏關鍵的東西（很重要卻又拿不到的），擔心自己就是不夠好。

自我懷疑裡，有種情況稱之為冒牌者症候群（impostor syndrome），指的是有能力的人並不覺得自己有能力，成天擔心別人會揭穿他們是冒牌者。

冒牌者症候群最初是在一九七八年、由喬治亞州立大學教授提出。據我們所知，到目前為止有七〇％的人有過這種感受。如今，我們終於有了有效工具可以對治這樣的問題（參見第四章）。不過，光是知道全世界這麼多人有過類似的感受，就足以幫助我們調和它們的影響，削弱衝擊力道。

有趣的是，冒牌者症候群在表現優異的人士身上最為嚴重。當我在哈佛、耶魯、史丹佛、麻省理工學院演講，談到這項症候群時，整個會場頓時鴉雀無聲，安靜到連一根針掉到地上都聽得見。後來，我看到學生們大大鬆了一口氣，他們發現原來這樣的感受有其專屬名稱，而且他們不是唯一碰到這種問題的人。

史丹佛商學院每年都會詢問剛入學的新生：「你們當中有多少人認為自己是因為入學委員會弄錯的關係才獲得錄取的？」每一年，都有三分之二的學生毫不猶豫的舉起手。每當我在演講中提到這件事，人們總是難以置信。史丹佛的學生可說是全美頂尖且絕頂聰明的一群人，這些人不僅闖過困難重重的入學關卡，每個人背後也都有一長串的傑出成就，他們怎麼還會覺得自己不配進入史丹佛呢？

然而，這種感受無論在哪個成功領域都相當普遍；新一代「蝙蝠俠」系列電影製作人奧斯蘭（Michael Uslan）就是一例。他每次到片廠，還是偶爾會有這種感覺：「我到現在都還會擔心，怕哪一天保全人員衝進來把我攆出去。」

對某些人而言，隨著事業愈成功，這樣的症狀也就愈嚴重：責任愈大，自我懷疑就愈強烈；因為爬得愈高，失敗付出的代價就愈高。摩立特集團（Monitor Group）執行合夥人盧里（Bob Lurie）曾向我表示，他也有過類似的感受：「在我事業生涯的前六、七年時，我是典型的『冒牌者症候群』受害者。當時我深信，若我和資深管理人共處一室，他們一定會馬上發現我是個假貨。」

如今我們已經知道焦慮、不滿、自我批判、自我懷疑的影響，可是這些負面心態到底從哪裡來的？

其實這些難熬感受都源於某項有用的人類生存機制，它們是這項機制自然衍生出的副作用。負面情緒之所以存在，是要鞭策我們採取行動——去解決問題，或是跳脫原有框架。恐懼或焦慮這類情緒，則是設計來督促我們把事情做好。它們之所以這麼不舒服，純粹因為它們就是「被設計」來讓我們不舒服的。

有些時候，極端恐懼帶來的不適感的確有其必要。譬如當我們身處生死交關的險境時，一定很慶幸自己全神貫注在保命優先。只不過在現今生活，我們鮮少會遇到非打即逃的危險狀況。就算真的遇到，我們的本能反應甚至還會扯我們後腿。

你是否曾有過考試考到一半完全無法思考或是上台怯場的經驗？就跟車燈照射下的鹿一樣，整個人動彈不得，心跳加速，手心出汗。你拚命試著想起原本要說的話、要做的事，但腦袋一片空白，因為這時比較高階的認知功能全遭到關閉。

有時候，壓力讓我們的內心以為身體正處於打或逃的險境，因此宣告發生緊急狀況，關閉那些它認為不必要的功能。這表示生理正在削弱認知能力，但不幸的是，偏偏此時正是我們最需要它們的時候。請放心，這樣的反應十分正常也很自然，雖然在焦慮衝擊的當下，我們很難想到這純粹是為了保護自己。

當然，適度的自我懷疑有助於鞭策我們採取行動。例如冒牌者症候群可說是一個很棒的激勵工具，使我們比其他人更努力。然而，付出的代價有多大呢？這類的負面情緒會對我們的肢體語言造成一定的損害，進而影響我們與他人的互動，更不用說會讓我們無法真正享受人生。考量這些後果之後，我們是不是更該學習如何處理冒牌者症候群，改用自信和令人滿意的成就感來激勵自己呢？

懂得如何因應冒牌者症候群與內在批判，對於我們魅力能量的釋放極為重要。善用下一章的技巧並多加練習，你將能順利遠離內在的負面情緒，甚至能夠在內心找到一塊淨土，不受內在批判聲音的影響，就算聽到了，也能夠一笑置之。

目前為止，你已對內在負面情緒有了一定程度的認識，懂得察覺它們，也知道它們會如何影響你的心理與生理。接下來，你將學習將這些知識化為行動的技巧。

隨身魅力要點

- 任何內在的不適——無論是生理或是心理，都可能削弱你的感受、表現，以及別人對你的看法。
- 就算單純因為陽光直射雙眼而引發生理壓力，一旦反映在你的肢體語言，都可能讓人誤會，以為你是因為焦慮或惱怒等內心問題，才表現出這樣的肢體反應。
- 預防為上策：事先做好規劃，確保服裝、地點和時間都是理想、舒適的。
- 隨時對身體上的任何不適保持警覺。與別人互動當中，若發現有不舒服的地方，馬上採取行動減緩不適，或立即向對方解釋。
- 善用責任轉移等相關技巧以降低焦慮、不確定感、不滿，別讓它們反映在你的肢體語言，影響你魅力的展現。
- 明白焦慮、不滿、自我批判或自我懷疑等內在負面情緒，都是正常反應，每個人都經歷過。

第四章

三招掃除心理障礙

如今你已經了解，心理與生理的不適對於魅力的發揮有多麼不利。在本章，你將進一步學習將這些認知化為行動的工具，進而突破障礙，有效恢復幾乎所有的內在不適。往後，無論你的內心升起多麼難熬的情緒——自我懷疑、不耐煩、煩躁，還是惱怒，你都能夠應付自如。

要巧妙處理好難搞的感受，只需遵循三個步驟：將不適感去污名化、中和負面情緒，以及改寫事實。現在就讓我們開始吧！

步驟一：將不適感去污名化

要如何揮去負面感受？把它看成一種是正常、普遍且沒什麼好焦慮或見不得人的感受，就能降低它的衝擊力了。心裡不舒服或負面情緒，是生活中再自然不過的事，每個人都經歷過。

每個人都有情緒，就算個性再好也不例外。就連終身實踐佛法、象徵世界和平楷模的一行禪師（Thich Nhat Hanh），也不免有過動怒、想要起身揍人的時候。

可是，不知為何我們的文化卻有這樣的成見：認為生理或心理的不適是出錯的徵兆，甚至以為自己本身出了問題。就連遇到人生中不安的變動，譬如重大的工作轉換、離婚、心愛的人過世等，雖然我們容許自己傷心難過，卻常常設下期限，一旦期限過了就不容許自己再放任情緒，彷彿繼續下去很不恰當。

但也由於這樣的成見，反而讓人更難以處理負面的思維、情緒與內在感受：因為我們覺得它們「不應該」產生。所以，我們不僅難過，還會對「自己的難過」感到難過。

要將內在不適去污名化，就必須提醒自己：無論這項感受何等難熬，都要把它當成是一種經驗，以及大腦生存機制的副作用之一。想想其他人也和你一樣經歷你目前正在承受的痛苦，心裡會好過些。若能想到一個與你相似（或許那人現在就在身旁），而且與自己有來往又是敬重的對象，這樣更有幫助。

假設你剛失去了一個重要客戶，不妨想想認識的人當中——你十分推崇的某位精神導師，或是仰慕的某位同事，是不是也經歷過類似的挫折；想像他們是怎麼熬過來的。當然，若是能夠聽到本人親口向你訴說他們的故事是最理想的。不過，單憑自己去想像他們歷經過類似的經驗，並親口向你訴苦，這樣就非常有用了。（記得嗎？你的腦並不知道其中差別。）

另一個去污名化的方式，就是提醒自己，你不是世上唯一有這種內在不適的人。我敢保證，全世界約七十億的人口當中，此時此刻有這種感受的絕對不只你一人，而是一大票人。與其把它看做是你一個人感受的巨大情緒，不如把它想像成一群人都在受煎熬：這個難熬的重擔是由大家共同承受。換言之，你不必把它看成是你獨自一人在受苦，你目前經歷的低潮、恥辱、悲傷，還有其他許多人跟你一起面對。

一位客戶告訴我，像這樣把自己和其他人連結在一起的做法相當有效，就和責任轉移一樣，可以帶來平靜。他喜歡環顧周遭人群，想像每個人的頭上冒出一個個想法泡泡，述說著他們今天發生的事情。他表示：「當我了解到自己的想法和情緒並沒有什麼不對後，真是鬆了一口氣，會有這些想法和情緒本來就很正常呀！」

就我個人體驗，以及訓練客戶的經驗，我發現只要改採這種心態，進而學習如何減輕焦慮或羞愧感，便可讓人更容易承受內心的混亂。

以平常心看待羞愧感

我們都知道，羞愧的殺傷力非常大。在人類所有情緒中，就屬它對健康與幸福的毒害最深。研究羞愧的專家布朗（Brené Brown）是這麼定義它的：「擔心自己不被人愛的恐懼：羞愧源於我們相信自己是有缺陷的，所以不值得獲得愛與歸屬感，這是一種極其痛苦的感受與經驗。」

羞愧之所以殺傷力這麼大，是因為它與我們做為人類最根本、受人接納的需求息息相關。在遠古時代，一旦不被部落接納，你就死定了。它主宰了你的生死。於是大腦將社會需求看成和生存一樣重要：餓肚子與遭到放逐啟動的神經反應相當類似。在我們內心深處，深埋著擔心自己不被當權者接納的恐懼，害怕自己會被放逐、活不下去。

由於羞愧感很容易被觸發，而且一下子就會被激到頂，很快會失控，對我們來說並不利。有位客戶只是因為吃了一根糖果棒，就生出極大的羞愧感，嚴重到彷彿剛犯下了三級謀殺案。

以「Google開心好人」（Google's Jolly Good Fellow）❶聞名、同時也是忠實的冥想奉行者陳一鳴（Chade-Meng Tan）認為，為「自己的難過」感到難過的這種心態，在好人身上尤其明顯。因為好人總會認為：「既然我是個好人，為什麼我還會感受到羞愧？一定是我不夠好，才會有這種感受。」

學會將羞愧的污名從負面情緒和感受裡移除，對於魅力有絕大的用處。通常，讓我們真正痛苦、具殺傷力的並非情緒本身，而是因為自己有這種情緒所引發的羞愧感。若是我們以平常心看待，甚至期待它的到來，它就不會那麼難受了。碰上任何不舒服或難過的情緒時，請記住這點：

❶ 沒錯，這是陳一鳴的專屬稱謂。當然，這個稱謂後頭還有一句，叫做「沒有人可以抗拒得了他」。

羞愧是人類的共同經驗，每個人時常碰到的感受。如此一來，你就會好過多了。

將不適感去污名化

練習時間

下次當你心裡不舒服時，試著遵照以下步驟將它去污名化。

一、提醒自己，會有不適的情緒很正常，也很自然。它純粹是你我生存本能遺留下來的產物，每個人都時常會經歷。
二、不要過度放大自身感受：這只是個很普遍的人類經驗，每天都會發生。
三、想看看有誰也經歷過類似的事情，特別是你景仰的對象。
四、把它視為許多人共同承受的重擔，此時此刻有非常多人也感受到同樣情緒，你只是其中一位。

將內心的不適去污名化，讓你更有能力處理負面情緒，不致削弱你的魅力。單憑這項工具，就足以提升你的魅力。這些工具相當重要，在本書接下來的章節，你都會一再用到。

步驟二：中和負面情緒

當你將內在負面情緒去污名化之後，下一個要處理的便是中和負面思維。最好的做法就是認清一件事實：你的想法並不全然是正確的。

還記得前一章湯姆和保羅在餐廳談交易時，那件讓湯姆發癢的黑色西裝嗎？就算對方很明顯在我們面前做出負面回應，但他們臉部的表情很可能並不是針對我們。對方或許發生了什麼事情，只是我們看不出來。他們是不是餓了、病了、累了？搞不好他們處於某種生理或心理的不適，飽受折騰。

下回別人跟你講話時，臉上浮現出讓你覺得冷漠或不贊同的表情時，不妨試著換個角度想：對方可能只是因為內心不舒服才會顯現出這樣的神情。你感受到的可能只是對方心裡極度不適而外顯的震波，這個負面震波極可能和你毫無關係，換言之，也許他對你或你剛剛說的話根本沒有意見。

我本身就常用這樣的角度來提醒自己。每當和別人談話，感受到對方語氣中有一點煩躁或不耐煩，或是發現對方臉上閃過一絲不快時，我還是會直覺感到慌亂不安。我免不了會揣想：對方的負面反應，是不是針對我剛才說的話？不過，直覺之後接踵而來的，是認知到剛剛的任何負面訊息，可能只是反映對方自己的內在感受，或許是穿了件羊毛西裝全身發癢不適，又或許是因為其他不相干的事情。

我們之所以這麼常受到自身負面情緒影響，最主要原因是我們自以為大腦看到事實的全貌，同時相信自己的推論向來正確。然而，這是一種謬見。事實上，我們大腦看到的事實可能是（也多半是）全然扭曲的。

為什麼你沒看見大猩猩？

在一項知名的哈佛大學研究裡，研究人員要求受試者觀看一段簡短影片——裡頭有兩組人在互傳籃球，並請受試者算出其中一組的傳球次數。影片當中，一位裝扮成大猩猩的女士走進球場。

看完影片後，受試者被問到是否發現影片中曾出現任何不尋常的地方，有超過一半以上的人沒有注意到那隻大猩猩。即便「牠」還曾在鏡頭前揮舞雙臂呢！

你以為自己不會像這些人一樣嗎？不妨做做下列的測驗：

現在，環顧房間四處，看有哪些物品是藍色的。

接著把注意力拉回到書上，目光停駐在這一頁，不再東張西望。好，現在想想看有哪些物品是紅色的。

沒錯，就是紅色！請你將眼神固定在書上，用力想一想。

現在抬起頭看看周遭，你是否發現突然間多出好多紅色的物品？

怎麼會這樣呢？我們的意識集中能力是有限的，因此局限了我們在某個特定時間內所能察覺到的東西。我們的眼睛一瞬間會接收到數以百萬的視覺訊息，但可以讓意識察覺到的訊息卻少之又少。假如我們真能察覺到接收的每一件事物，我們的意識肯定負荷不了。

所以，我們的大腦才會過濾所有資訊，只留下相關訊息——有的是大腦認為重要的事，有的則是我們用意識去要求大腦留意的事物。也因此人腦無法提供我們完整且正確的現實全貌。換言之，由於大腦必須過濾資訊，因此給予我們的畫面並不完整，只提供局部資訊，其他全過濾掉了。

通常，被過濾掉的資訊多半無關緊要，我們看到的畫面大致上和事實相去不遠。可是，有時候我們大腦呈現的卻是嚴重被扭曲或片面的事實，而且時常朝負面方向扭曲。這是因為我們的大腦傾向專注在危險的事物上，它認為重要的，往往是最負面的，這種傾向稱之為負面偏見（negativity bias）。舉個例子來說明會比較清楚：

瑪麗是一名年輕的平面設計師，這是她首次挑大樑負責公司某位大客戶的案子。案子進行幾週後，她接到吉姆來電，他是客戶公司裡負責這件案子的聯繫窗口。吉姆告訴她：「瑪麗，妳很清楚我是妳的頭號粉絲，總是向周遭每個碰到的人說妳有多優秀，工作能力有多強。可是不知怎麼搞的，我的老闆就是不信。我猜他可能對妳的第一印象並不是太深，之後又沒有機會讓他改變看法。」吉姆接著又說，他非常希望由瑪麗負責他們公司上下所有的設計業務，並表示他非常欣賞她的作品，相信他的老闆再次看到之後必定會讚嘆不已。因此，他希望瑪麗能在下次公司管理會議裡展示她的作品。

這段話裡有許多正面資訊足以讓瑪麗的大腦留意，譬如客戶表示他是她的頭號粉絲、她的作品非常出色、希望由她接手他們公司所有的設計案。在接下來的幾小時內，瑪麗的心思「可以」沉浸在客戶的讚美裡；不過，大多數人的心思都不是這樣運作。

在正面訊息遠甚於負面訊息的情況下，你猜瑪麗的心思會專注在哪裡？答案是負面訊息上：吉姆的老闆在初次會面時，並未對她留下深刻印象。在這麼正向的情境裡，瑪麗卻單單執著在一個負面訊息上，可以想見，等她大展身手的那一天來臨，這對她的自信會產生多大衝擊、對她的魅力會有多麼嚴重的影響。

一旦你的腦不斷播放負面情境，記得提醒自己：你看到的事實可能不是正確的。你的腦可能陷入負面偏見，只偏重於某些訊息，或是完全忽略正面的資訊。

就像你有時會因視覺上的錯覺而把假的看成真的；同樣的，你的腦子也會出現錯覺，讓你誤將某個不正確的想法當做真的。

認知科學家海斯（Stephen Hayes）建議，將負面思維當成是牆上的塗鴉。你可能覺得街上的塗鴉很醜陋，但你不會因為目睹了醜陋的東西，就代表自己是個醜陋的人呀！

想像自己走在內心的街道上，突然間，你注意到某個討厭的念頭。請直接把它當作是牆上的塗鴉。塗鴉就是塗鴉，它並不能決定你是何許人！

此外，你也可以把想法看成內心表面電流撞擊出來的火花。事實上，想法本來就看不到、摸不著；它們只是大腦在電流傳送過程中，激撞出的火光。

明白自己的思緒未必是對的，對我而言是一項可貴的啟示。但這需要大量的練習。最近我發現，自己常在負面思維剛出現的第一時間就把它們中和掉了，彷彿這是我與生俱來的本能。它變成我的反射動作，一發現毫無益處的念頭冒出，立刻就做出反應，不讓它們有機會產生內在的負面情緒。

我有些客戶喜歡這麼問自己：「最糟的情況會怎麼樣？」如同邱吉爾說的，很少有失敗是無法挽回的。光是了解到就算情況再糟，仍然有絕處逢生的機會，就足以增加你的信心。雖說這對某些人來說會起反效果，因為想像最糟情況反而會加深他們的焦慮，但你不妨先試試看這個方法適不適合你。

練習時間

中和負面情緒

隨時利用下列技巧幫助自己減輕頑固的負面情緒影響。在嘗試各項技巧時，用心去體會，看哪些最適合你。接著要不斷練習，直到成為習慣。你也可以自行發掘一些方法，只要適用就好。

- 不要以為自己的想法都是對的。不要因為內心升起某個念頭，就把它當作是正確的。你必須假設自己遺漏了大量資訊，而且其中大多數都是正面的訊息。
- 把你的想法當成牆上的塗鴉、或是大腦表面電流撞擊而生的細小火花。
- 替你的負面感受貼上標籤：自我批判、憤怒、焦慮等。為你想到、感受到的思維命名，有助於中和它們。
- 客觀看待自己的感受：與其說「我覺得很丟臉」，不妨試著描述成：「一股羞愧感正在成形」。想像自己是個科學家，正在觀察某種現象：「真是有趣！自我批判的思維開始出現了。」
- 想像從遠方觀看自己。把鏡頭拉到天際，遠到可以看到地球漂浮在太空。接著，拉近一點，看到你所處的大洲、你的國家、你的城市、最後是你待的房間。看看渺小的你，以及大腦裡頭電流撞擊的颼颼響聲——某個渺小的個體在此時此刻體驗到的某個感受。
- 把內心喋喋不休的聲音想像成是收音機播放的雜音，看能不能把音量關小一點，或者把收音機拿遠一點，別讓裡頭的聲音干擾你。
- 想像最糟的情況，並了解無論情況多麼糟糕，你都能夠挺得過去。
- 回想以前的類似經驗，當時也以為自己撐不過去，但顯然你都熬過來了。

我們已學會如何中和無益的負面思維：我們得避免鑽牛角尖和它們硬碰硬，也別試圖壓抑，否則只會讓情況變得更糟。如果我叫你「不可以」想白色大象——千萬不能想像白色大象的樣子哦！猜猜看，你腦中第一個閃過的畫面是什麼？沒錯，就是「白色大象」！告誡你「不可以想白色大象」，反而讓你整個腦子都讓成群的白色大象給占滿。

為了測知人們在想法遭禁止後對它們的執著程度，海斯和同事做了一項實驗，要求受試者在幾分鐘內都不能去想黃色吉普車。大多數人的腦中立刻就升起「不能想」的想法，而且還會想個不停。有些人就算一時成功壓制住念頭，最後仍舊棄械投降，黃色吉普車的影像瞬間塞滿整個大腦。據某些受試者的反映，在實驗結束後數日，甚至數週裡，還是會時常想到黃色吉普車。

既然壓抑自我批判思維只會事與願違，不如專心把目標放在中和它們，這麼做遠比壓抑有效得多。

如今，你已經學會中和內在負面思維的前兩個步驟：將不適感去污名化，以及中和負面情緒。最後一個步驟不僅能夠幫助你減輕內在負面感受，甚至還能用截然不同的真實感受「取代」它們。

步驟三：改寫現實

星期一早上八點鐘，你正行駛在高速公路，準備前往一場重要的會議。會議裡你將發表一段三十分鐘的演說，可能關係到未來事業的發展。你頭腦清楚，而且相當冷靜。突然間，一輛大型黑色轎車毫無預警的切進前方車道。你嚇了一跳，雙手緊抓住方向盤，趕緊踩下煞車。這輛車剛才不但沒有打方向燈，現在還時快時慢，害你好幾次差點撞上。隨後，它又再度切換到右邊車道，只聽見右線車子的車輪發出尖銳剎車聲。真是個魯莽的白目駕駛！咒罵的同時，怒氣瞬間竄流到全身上下。

這個事件讓你的身體產生了什麼變化？「打或逃反應」啟動後，你的心跳加速，肌肉繃緊，同時壓力荷爾蒙充斥全身。如今，你全身上下充滿了壓力與憤怒。你知道必須在演說前回復充滿魅力的身心狀態，可是你只剩下幾分鐘的時間，更何況你滿腦子想的全是那個白癡駕駛。

一旦「打或逃反應」啟動，要關掉它並非易事。而且像怒氣這樣的負面情緒，很難從身體裡沖淡。這就是為什麼一大早不愉快的交通事件，會在你心中縈繞好幾個小時，有時甚至一整天都揮之不去。

假如你只是一味的壓抑怒氣，可能得付出相當大的代價。當人們產生某種負面心理狀態，卻只顧著壓抑它，不但沒辦法改變現狀，大腦和心血管系統的壓力反應還會不斷的升高。

不過，假如你碰巧知道那位魯莽駕駛其實是一位心急如焚的母親，她坐在後座的小寶寶已經快要窒息了，她一邊死命要把車子開到路肩暫停，一面轉過頭去試圖救她寶寶的生命。

這會不會讓你的怒氣瞬間消掉一大半？

對大多數人來說，是的。

認知重估可有效減輕壓力

下定決心改變對實際發生事件的看法，嚴格說來應該稱之為「認知重估」（cognitive reappraisal），它能夠有效減輕大腦的壓力指數。在一項史丹佛大學的研究裡，透過核磁共振攝影掃描，證實了這項論點。該研究團隊發現，改變看法遠比企圖壓抑，或忽略負面情緒來得有效且健康。

在多數情況下，我們無法得知別人行為背後的確切動機，因此不妨選擇對自己最有利的解讀方式，編造一套故事，讓心裡好過點，並保持在這種富含魅力的心理狀態中。

這個建議乍聽之下異於常理，不過改寫個人對於現實的認知，可說是一種既理性又明智的做法。它能幫助你回到適當的心理狀態，足以讓你發散出魅力的肢體語言，同時還能提升你的表現。

「改寫現實」是我在商學院課程[2]學到的技巧，一直以來給我極大的幫助。我永遠記得在哥倫比亞波哥大的某個夜晚，親身體會到的驚人威力。

當時正值清晨四點鐘，我依舊無法入眠，因為滿腦子憂心忡忡。再過幾小時我就得上台，向一間大型跨國企業的三百名高階主管發表演說。該公司的執行長請我來演講，希望我能傳授一套實用的技巧，幫助他們的高階主管建立一個全新的心態。短短九十分鐘的課程，我得讓他們變

❷ 斯里庫馬．萊歐教授（Srikumar Rao）開設的幸福主題課程，是哥倫比亞大學商學院有史以來最受歡迎的課程之一。要想修到這門課並不容易，得花費一番工夫。

得更有自信、更具影響力與說服力、以及更能鼓舞人心。雪上加霜的是，全程必須用西班牙文演說。壓力實在很大！

那天晚上，我在床上翻來覆去了好幾個小時，有時起身在空蕩蕩的房間裡踱步，凝視著窗外的萬家燈火，始終難以入眠。我覺得噁心反胃、筋疲力竭、心神全都耗盡。我的心裡極度不安，擔心一整夜的失眠會影響我的表現。

突然間，改寫現實的技巧閃過我的腦海。雖然感覺上不太管用，但我想既然已經試過其他種種方法都沒效，不妨給它個機會，反正也不會有什麼損失。於是我坐在桌前，拿出紙筆，問自己：「就在執行重大任務的前一晚發生失眠和反胃，如此不幸與不愉快的經歷是否可能有它存在的意義？要怎樣才能讓這些事情變成對我百分之百有利呢？」

我花了好一段時間思考，所幸答案終於開始浮現。於是我寫下這樣的文字：「或許我明天還是會有不錯的表現，並因此發現自己就算整夜沒睡，即便是用外語授課，依舊能有亮眼的表現。或許這樣的經驗對我日後面對更重大的任務時，能夠派上用場。到那時候，我必定會感謝此時此刻經歷的不安感受。」

乍看這番敘述不過是謊話連篇。但當我以白紙黑字寫下（稍後你會知道它多重要），卻好似在我心中開啟了一扇可能的窗口。我繼續寫下這段不幸經歷可能帶來的所有好處，盡可能巨細靡遺的描繪一段全新的事實，盡可能繪聲繪影的生動呈現：描述我說了什麼話、聽眾長什麼樣子、聆聽我演說時他們何時點頭、何時大笑，以及他們當下的表情。

當我愈寫愈多，我的焦慮也跟著開始減輕。到最後，內心的平靜轉為睡意，而我也順利入眠——謝天謝地，雖然只剩不到一小時可睡。

你知道嗎？前一晚我想像的每個美好現實片段——即便有些好到不可能成真的虛構內容，最後居然都實現了。我的演講相當成功，不僅位居要職的觀眾熱情回報，那位執行長也非常開心。如今，每當我的內心開始擔憂，害怕自己在重大演說前出什麼差錯，我總會提醒自己：「想想波哥大的經歷！」

從那時起，我便常利用改寫現實的技巧，讓自己進入提升表現的心理狀態，並把它介紹給我的客戶。它不但對這些人有效，過去幾年間，我遇過許多頂尖成功人士也都向我透露使用類似技巧的經驗。某位魅力十足的企業家就告訴我：「我『決定』以對自己有利的方式來詮釋每件事，我不只是樂觀，還善於哄騙自己呢！」

為什麼這項技巧管用？

別忘了，我們的腦可以把虛構當作事實。哈佛醫學院的一項研究指出，安慰劑效應之所以有效，不見得是因為服藥的人受到欺瞞。研究結果發現，即使人們清楚知道自己服用的是安慰劑，依然會產生驚人的療效。

所以當你心中升起不愉快，可能影響到你的魅力指數時，與其試圖壓抑或忽略內在不適，不妨編造一套全新的現實片段。想像一連串截然不同的情境，引導自己順利進入更有利的心理狀態。

當然，最有效的改寫現實不見得令人最愉悅。出版社給了我一年的時間寫你手上的這本書，我想以最有效率的方式完成，避免像多數新手作家一樣發生拖稿。某位作家朋友用帕金森定律（Parkinson's Law）的知名格言提醒我：「可完成的時間有多長，工作就會有多長。」並丟給我一項挑戰：「與其用一整年的時間，何不試著在一個月內寫完？一個月結束時，你寫的東西當然還不足以出版成書，但至少寫出的東西會比你沒設下期限的產出還要多。」

他的建議有道理，於是我決定試一試。我想像出版公司不知哪根筋不對，只給我一個月的期限寫完這整本書——想像的內容盡量鮮活生動、細節描述盡可能巨細靡遺。我驚訝的發現，這個全然虛構的期限很快就變成跟真的沒兩樣。我甚至感覺自己的胃在糾結——身體也在提醒我時間緊迫。

這樣的經驗愉快嗎？當然不愉快！有效嗎？絕對有效！不出一個月，我已經交出三分之一的初稿給編輯。雖然距離書的完成還有一大段距離，但若不是這個想像的期限，我絕不可能寫出這麼多內容。

關鍵在於：什麼樣的心理狀態對當下最有利？哪一種現實版本能夠幫助你達到目標？就魅力而言，一旦親和力或信心受到打擊，你就能善用這項技巧去維持自己的魅力。至於其他無關緊要的小事，只要想像出不同的詮釋方式，就足以減緩怒氣或不耐煩，並且心生憐憫。

改寫現實

練習時間

假設你因交通受阻而無法準時出席一場重要會議，此時焦慮指數節節攀升，不妨問問自己：延誤有沒有可能反而是件好事呢？同樣的問題多問幾次，看你的腦袋可以衍生出多少創意的答案。腦力激盪出來的答案可能有：

- 交通延誤將救我一命：倘若交通一如往常順暢，我可能會在某個十字路口撞上一輛十八個輪子的超長連結車。
- 即將會面的對象剛好有事情趕著完成，對方會因為我的延誤而慶幸；我愈晚到，他們做那件事的時間就愈多。
- 宇宙之神（或命運之神、上帝）心裡很清楚哪樣對我最有利，祂顯然不想要這場會議成行。其實有其他比這更好的機會在等著我。

若是碰到較嚴重的情況，你可以坐下，寫下一段全新的事實。「書寫」能讓我們使用不同的大腦部位，比其他表達方式更能夠撼動個人的信念。

經證實，一旦我們以白紙黑字寫下腦中思緒，不但有助個人想法改變，還能使想像的故事更加栩栩如真。試著用現在式的口吻書寫，如「這場演說正在順利進行……」甚至用過去式描述更好，如「這場演說獲得了熱烈的回響……」。

一位客戶對於改寫現實的技巧深有體悟：「某個同事傳來一封充滿嘲諷的信，當下我的內心升起一大堆負面情緒。我很清楚，隨之起舞只會讓我掉進負面情緒的無底洞。於是，我試著採用改寫現實的方法。想像這個人現在很孤單，不知道該如何跟外界溝通，只能盡他所能試著跟別人產生連結。改寫現實的技巧，幫助我保持正面心態（對我有利），進而釋出正面回應（對我們雙方都有利）。」

有時候，你難免必須向討厭的傢伙施展魅力。相信你也知道，怨恨是一種非常不利於魅力的心理狀態，會使內心和肢體語言都散發出巨大的負面能量。再說，負面情緒的後果到頭來還是得由你自己的身體承受。就如我最愛的一句格言：「心懷怨恨就像是自己喝下毒藥，卻等著看別人毒發身亡。」

無論你怨恨的理由是什麼，都有辦法不讓這種內在不適去干擾你的魅力。要全然放下怨恨並不容易，此時，改寫現實的技巧尤其重要。以下將提供你一則化解怨恨的良方；練習時你可能覺得非常彆扭，但它也是最有效的方法。

盡釋前嫌

練習時間

- 回想人生中某個曾經欺負你的人。
- 拿一張白紙，寫信給對方，說出你長久以來想要對他說的話，什麼都行。敞開心懷盡情的書寫，反正你也沒什麼損失。記得，這些話必須由你自己親筆寫下！
- 當你心中想說的話全化成白紙黑字後，把這封信擺到一旁。
- 再拿一張全新的紙，寫下你心中希望他們給你的回應。你可以要求他們對當時的行為負責，承認他們對你做過的每件傷害，並為此向你道歉。你不必替他們的行為找任何藉口，只單純要他們承認錯誤並且道歉。反正這封信是你自己的想像，想聽到對方說些什麼，就統統寫下來吧！

剛開始做以上練習時你可能會覺得很怪、非常彆扭或是脫離現實；多數人都會如此。而且，你不見得能馬上感受到內心的轉變。然而，不出幾天，你會驚訝發現「新的事實」逐漸取代原有的事實，進而感受到你「真的」獲得了渴望以久的和解。若想加快轉變過程，你只需花幾個晚上重讀那封道歉信就行了，最後你會因為圓滿大結局而釋懷。

一位客戶向我表示，在不斷重複上述練習後，他十年來的心頭重擔終於卸下來了，這比他多年的心理治療還要有效。另一名客戶和生意夥伴的關係本來變得愈來愈緊繃，多虧這項技巧，才獲得大幅改善。以下是他的描述：

假如能夠選擇，我絕對不會再和他見面。但我卻必須和他維持互動。我知道自己若不能找到一個方法來減輕我對他的憎恨，它就會一直在我內心深處盤桓，蠶食我的專注力，影響我的肢體語言和表現。於是，我做了「盡釋前嫌」的練習。剛開始的時候，我並沒有真的感受到轉變，不過能將胸中鬱悶傾吐出來還不賴。可是過了幾天，我開始感覺到和那位夥伴之間的互動有了變化。雖然他仍然沒有為他的行為道歉，但對他的憎惡不再繼續蠶食我的專注力。由於我真的得到了想要的道歉（即使是自己寫的），就不再認為他有必要向我道歉，這讓我們之間的互動變得更加自在。雖然這麼做並不會修補彼此關係，但目前能夠順利把事情做好就夠了。

透過「改寫現實」與「盡釋前嫌」這兩項練習，你可以選擇看待事情的角度。換個角度想，讓你更有效率，也更具魅力。

通盤整合三種技巧

現在你已經學會三個步驟去克服干擾魅力的內在阻礙，是時候來做一番整合了。接下來的情境將有助於你看清楚行動的優先順序，並且懂得隨時隨地善用將不適感去污名化、中和負面情緒，以及改寫現實的技巧。

今天到目前為止，一切都還算順利。麥克才剛研擬好一份振奮人心的計畫，同時分享給他的團隊，每個人看了都非常感興趣。當他走回辦公室時，內心依舊雀躍不已。此時，他注意到答錄機上的閃燈，於是坐下來，按下播放鍵。留言者是他最大的客戶約翰，語氣聽起來很緊張，請麥克盡速回電。

聽完短短的留言後，麥克的胃開始絞痛。「我打從心底明白，約翰一定是打算退出，終止我們的合作。我很清楚即將失去這個最大的客戶，感覺上就是這麼一回事。我的意思是，我可以『聽得出』約翰話中的緊張語氣。」

麥克非常篤定：一定出了問題。然而，與其滿腦了擔憂的拿起話筒回電，任由憂慮影響自己語氣，麥克決定先緩一緩。「你很清楚該怎麼處理！」他不斷告訴自己。接著按照下列檢核表的指示一一實行：

- 深呼吸，全身上下動一動，確保沒有任何生理不適會加劇你內心的緊張感受。
- 不要誇大事情：提醒自己，這些全是生理感受。此時此刻，還未真正發生任何嚴重的事情。你只是「感覺」不舒服，這都要怪大腦的天生設計。把你的視角拉遠，從遠方看著坐在房裡的渺小自己，體內流著某種特定的化學物質，如此而已。
- 去污名化：提醒自己這些事再尋常不過，每個人都時常經歷。不妨想像世界各地有無數人此時和你一樣，正在經歷相同的事情。
- 中和：告訴自己你的思緒不全然是對的。之前不也有過好多次篤定認為客戶對自己很失望，但結果剛好相反的經驗嗎？
- 想想有哪些改寫現實的可能。麥克選擇這麼看待：或許約翰的緊張口吻和我一點關係也沒有；他如此焦躁，可能是因為他上週提到的案子延誤了，正忙著趕工吧！
- 觀想責任轉移：感受壓在你肩膀上的重擔被移除，你不必再為這件事的結果負責。告訴自己，這個責任有人會扛。

當麥克一一實行上述檢核表，盡可能善用各項技巧後，他覺得自己的壓力逐漸獲得紓解。此外，依序完成步驟的同時，他也看清自己原先的悲觀預測，其實只是眾多可能解釋中的一個；換言之，約翰留言會有那樣的語氣，可能有其他原因。內心再度獲得平靜後，麥克拿起電話，準備以充滿魅力的自信，和他的客戶通話。

與不適感受和平共處

如今，你已走過一段漫長的路程。從本章開始到現在，已經學到完備的技巧，協助自己克服常見的各種魅力障礙。然而，你還有一項功課。

如果想和魅力大師一樣達到更高的魅力層次，接下來的工具能夠助你一臂之力。無論你的內在狀態有多麼糟糕，這項技巧都能順利幫你恢復魅力。它就像是最後的底牌，光是知道自己擁有這項隨時可拿出來應急的法寶，就足以讓你氣定神閒。

無論你身處談判、演說或是社交應對等重要場合，這項技巧都能讓你游刃有餘、表現亮眼。不過，要習得這項技巧，並不容易，因為它與你最原始的本能相互牴觸。這項祕密武器到底是什麼呢？

那就是「與你的不適感受和平共處」。

聽起來很簡單嗎？沒錯！簡單，但不容易。

想像你正坐在機艙裡，但飛機還留在地面，排隊等著起飛。此時你困坐在狹小的座椅，空調壞了，機內溫度不斷升高，空氣愈來愈混濁；你察覺到汗水已從頸背流下來。誰知就在覺得自己衰到極點時，正後方那排的嬰兒竟然開始號啕大哭。你覺得愈來愈難受，全身上下開始緊繃，整個腦袋幾乎快讓怒氣給占滿。偏偏你的手提行李剛才讓空服員收在別處，沒法拿裡頭的書來看，無從轉移注意力。你不知道這樣的情況還會持續多久；你只知道不斷升高的壓力對自己一點用處也沒有，但要怎樣才能讓它停下來呢？

出乎意料的，答案就是「鑽進不適感受裡一探究竟」。

沒錯！這聽起來有悖常理，但與其企圖壓抑、忽視或是控制它們，不如把全副心思放在這些你巴不得擺脫的感覺上。

當你專注在身體上所有細微的不適感受，還能獲得另一個好處：這麼做可以提供大腦某個具體的東西去關注，而不會一再提醒自己受不了當下情況。況且，這麼做也能立刻把你拉回全然的臨在——亦即魅力的重要元素之一。事實上，有了這項名為「全心探索知覺」技巧的協助，就算你再怎麼煎熬，依然能展現十足的魅力臨在感。

練習時間

全心探索知覺

這項練習會先製造一個不舒服的情境，接著再幫助你試著回到舒服的狀態。你必須找一個安靜、放鬆的地方坐下來，找一位信賴的朋友或同事當你的夥伴。一旦練習開始，就不能停下來查看說明；因此，開始前請先閱讀以下流程一、兩次。如果你希望全程能聆聽語音指引，請連結到網站CharismaMyth.com/discomfort。

- 將計時器設定為三十秒鐘，然後看著夥伴的眼睛。從現在起，眼神都不能移開。
- 一旦你發現有任何的不舒服，全神專注在上頭！感受一下這些情緒出現在身體的哪個部位。心裡暗自為它取名，是「局促感」、「壓迫感」，還是「刺痛感」？
- 盡可能全心體驗每一樣感受，設法感覺它的紋理。描述各個感受，就像大廚在描述一道風味餐點一般。
- 任由彆扭的感覺繼續升高：它是怎麼反映在身體上的呢？你的下巴是否感到緊繃？你的胃是否開始緊縮？
- 想像自己是一名科學家，正在探索這些感受。替你感受到的知覺命名，盡可能的客觀觀察，把它們單純當成如同冷熱的生理知覺。
- 當你忍不住想以微笑、說話等各種方式化解不自在，盡量克制住。這是你練習探索知覺的大好機會，不要逃開。

假如你和夥伴撐過這三十秒，替自己拍拍手，你們做得很好。這項練習需要強大的意志力，才克制得住你的本能反應。

現在重新做一次同樣的練習——但加入以下兩項指示，看看你會不會做得比第一次更好：

- 不斷鼓勵自己：整個練習當中，記得提醒自己你的所作所為既英勇又前衛；再者，你的努力一定會獲得回報。
- 提醒自己這樣的不舒服感終究會過去，就像以前曾有過的所有情緒一樣。雖然此時你難以忍受，但它終究會煙消雲散。

做完上述練習一、兩個小時後，檢視自己到底有多不舒服。你或許會驚訝的發現，當時的你覺得它彷彿永遠不會消退，但此時那感覺似乎離自己好遙遠。假如真的是這樣，務必將此結果牢記在心，等下回碰上難熬感受、以為自己得痛苦一輩子時，不妨拿出來提醒自己。

壓抑情緒只會讓事情更糟

羅伯是我最喜愛的客戶之一，他是一位風度翩翩，反應靈敏、做事效率高且創意十足的主管。他是個超級行動派，卻不夠有耐心。對羅伯來說，開一整天的會議簡直是種折磨。不耐煩的情緒逐漸堆高，他卻無力遏止，只能拚命抵抗「我一分鐘都無法再忍受」的焦躁，設法跳脫這些讓他全身上下糾結成一塊的感受。

至於魅力，由於他花費太多精力在壓抑自己的不耐煩，反而讓事情變得更糟；一旦內心出現這類對峙戰，魅力就開始折損。此外，放空發呆也好不到哪去，只會降低人的臨在感；說好聽一點是毫無魅力，難聽一點，就是給人心不在焉的印象。於是，我建議他試試「全心探索知覺」的練習。

羅伯非常用心的練習這項技巧，後來變成他的第二天性。如今，每當他察覺到一絲的不耐煩，便本能的立刻探索起身體知覺。他「就像侍酒師在描述美酒一般」，仔細向自己陳述。他表示，這項技巧「非常有用，不但轉移了我的注意力，不再專注於不耐煩的感受，同時讓我在當下保持全然的臨在。」

處理不快情緒，是一項非常有用的能力。不適感對你的影響愈低，損害你潛在魅力的可能性相對也愈少。一旦你懂得如何處理不快感受，任何處境都動搖不了你。無論是於公於私，任何情緒都不至於讓你舉白旗。

一位執行長告訴我：「對事業生涯來說，最有效的技巧就是與不適感和平共處。」想想看，身為公司的領導階層，哪個人不是得一天到晚面對不快的情緒？從不得不開除員工，到為了團隊失誤扛起責任，或忍受痛苦的會議。此外，想想談判過程裡難熬的沉默時刻，這項技巧更能發揮效用。我常聽談判專家提起，他們單憑一條簡單的線索，就能夠提早精準預測出談判的結果：誰最沉不住氣，誰就輸了。

接下來，試試下列方法來加強你的彈性。不妨把它當成是在練習一項新技能，投球技巧或一首新曲子，而不是評量個人表現的測驗，讓練習更加順利。就像你為了提升體能而到健身房練舉重一樣，你將透過這項練習，培養且強化你的彈性肌力。

練習時間

擴展你的舒適圈

以下幾項技巧能夠幫助你擴大自己的舒適地帶，好讓你與不適感受可以和平共處。由於實行起來多半讓人有些難為情，因此最好找個沒那麼重要的場合練習，更不建議拿你的重要客戶或老闆測試。

- 與他人目光接觸超過你平常可以容忍的時間。一位學員剛開始是利用等公車的時間來練習，注視開車路過的人們。得到的回應讓他十分訝異：有人報以微笑或揮手，有人則對他按喇叭或大聲咆哮。

- 進行個人空間（personal space）的實驗：譬如搭電梯時，跟別人靠得比平常還要近，觀察自己有多強烈的衝動想回到原來的習慣距離。試著不要退縮。
- 進電梯前，替大家按住門，讓大家先進去，你最後再進去。進去後背對電梯門，面向裡頭所有的人。
- 和完全不認識的人攀談。譬如在咖啡店排隊點餐時，試著評論糕點，並問旁邊的人一個開放式問題，像是：「我打算選一個絕對罪惡的甜點，但無法決定是馬芬、布朗尼，還是蛋糕？你會選哪一個呢？」

剛開始做這些練習時，你可能會極度排斥，或許還有些難為情。提醒自己，你做這些事情又不犯法！唯一讓你躊躇不前的是社會的既定俗成。你也可以這麼想：現在做的是重要的個人功課，主要是磨練你的技巧，擴展你原有的舒適地帶。

此外，記得提醒自己，這種感受就跟其他感受一樣，終究都會過去。再怎麼難熬，總有一天它會完全消退，就和你之前經歷的所有感受一樣。況且，經由不斷的練習，你會變得愈來愈好，也愈來愈自在。所以，假如你能鼓起勇氣和陌生人聊天——無論是排隊，還是搭公車或火車時，就去做吧！把握每一個機會，你必定會進步神速。

只要遇上任何不適，無論是生理或心理上，你都可以練習這項技巧。不管你是太熱、太冷、生氣、不耐煩、煩躁或是恐懼，到後來你會意外發現，某些你原本不喜歡的情緒，竟然變得有那麼一點令人愉悅。

如今，你已學到所有技巧，幫助你克服各種障礙，順利進入魅力的心理狀態。每當心中升起不適感受，你隨時都能用去污名化、中和負面情緒及改寫現實這三大技巧來應對。往後生活中再遇上，需要用到這些技巧時，只要回到這一章找尋工具即可，總有一天它們會成為你的第二天性。

隨身魅力要點

- 想要變得有魅力，必須先學會克服折損魅力的最大元凶：內在不適。
- 利用三大步驟巧妙處理你的內在不適：將不適感去汙名化、中和負面情緒、改寫對事實的看法。
- 提醒自己，不舒服的感受純粹是人類生存本能，再自然不過，每個人都會經歷到。如此一來，便可將它去汙名化、削弱它的戲劇效果。想想有誰也經歷過類似的事情——特別是你景仰的對象，要知道，此時此刻世界上許多人也感受到相同的情緒，你只是其中一個。
- 中和無益的負面情緒，並隨時記得：我們的大腦常會扭曲事實，並會過濾周遭環境、只強調負面的資訊。試著將你的想法當成是牆上塗鴉——它雖然醜陋，但不代表你也是醜陋的人。
- 在既有看法外，多想一些有益自己的詮釋方式，藉由它們來改寫現實。要達到最大效果，你必須以白紙黑字親筆寫下，並巨細靡遺的描述這個全新事實。
- 進階練習——探索不適感的生理知覺：將注意力放到知覺，讓大腦關注某個具體事物，以避免一再提醒自己情況有多難熬。

第五章

進入正確心態

前一章，你已學到如何巧妙處理阻礙魅力最常見的絆腳石。現在，你將學習如何創造正確的魅力心態，讓自己的魅力發揮到淋漓盡致。你也將學著如何增加自信，以及散發親和力與影響力。最後，你會懂得如何精心規劃自己想要的各種心理狀態：從平靜到勝利的心境都能如願。

戲精的祕密：視覺想像

高爾夫球名將尼克勞斯（Jack Nicklaus）曾說，每次揮桿前，他必定先觀想揮桿的過程，即使在練習時也不例外。這幾十年來，職業運動員一向看重視覺化技巧，往往花上數小時想像贏得比賽的畫面，告訴大腦他們想要身體達成什麼樣的目標。

「事實證明，當你想像自己進行某項活動時，所活化的大腦區域，跟實際從事該項活動時的大腦反應部位一模一樣。」史丹佛大學行為科學高等研究中心主任柯斯林（Stephen Kosslyn）寫信告訴我。

這也說明了為何視覺化如此有效。某些運動員也表示，經歷密集的視覺化訓練後，他們感覺身體累壞了。此外，視覺化甚至可以實際改變大腦的結構：許多實驗結果都再三指出，光是想像自己勤練鋼琴，一段時間過後，大腦的運動皮質便會出現明顯變化。

腦是非常容易被改變的：裡頭的線路隨時在更新。過去我們以為，一旦過了特定年齡，腦就定型了。然而經過證實，這項觀念錯得離譜。

事實上，每當我們用腦思考，就會活化裡頭某些特定的神經細胞連結；使用得愈頻繁，連結就愈強健。這相當於在大腦裡刻劃出特定的紋路，任何一種思考模式只要經常出現，它的紋路就會愈來愈深。因此你可以創造一個你想要的心理模式，進而不斷強化。

心理準備技巧也被列為好萊塢演技訓練的正規課程，名為「方法演技」。這項技巧廣受好萊塢知名影星使用，西恩潘、梅莉史翠普、勞勃狄尼洛、馬龍白蘭度與保羅紐曼等都承襲了這一派的做法。

「方法演技」主要是設計來幫助演員做好他們最難達成的任務：做出正確的肢體動作。他們若試圖用意識控制自己大部分的肢體動作，不但會筋疲力盡，而且注定失敗——就算歷經再多年的訓練，動作也無法做得百分之百自然流暢。

假如他們的內在情緒和外在想要呈現的結果不相符，潛藏他們內心深處的想法和情緒遲早會浮現出來。相反的，「方法演技」採用的是截然不同的方式：與其讓演員努力控制他們的肢體語言，不如直搗肢體語言的源頭——人腦。

這項技巧讓演員設法變成他們要扮演的對象，如此一來，才有辦法真正感受到他們想要傳達的情緒，讓無數的肢體語言訊號自然如實的流露出內在情緒。

由於視覺化在心理與生理上都能產生驚人的效果，因此也是提升魅力最有效可行的工具之一。適當的觀想不但可幫助你提升信心，並賦予你能力去實現目標。只要善用正確的心理畫面，潛意識便會傳遞大量的信心訊號，產生連鎖效應，貫穿你全身上下；只要選對了視覺畫面，不管是何種肢體動作你都能夠表現。

下面將指引你一步步做好視覺想像，讓你得以隨時轉換心理狀態。目前練習的是觀想信心過程；隨後章節，你還會練習到親和力與同理心，以及平靜安詳的想像技巧。

視覺想像

練習時間

接下來的視覺化技巧，將有助於大幅提升你想要傳達的影響力。你可以坐在家中沙發練習，也可以利用上班時間坐在辦公桌前，甚至在電梯裡演練。

- 閉上雙眼，放輕鬆。
- 回想過去某段成功經歷：譬如贏得比賽或是大獎的日子。
- 「聆聽」房間裡的聲音：此起彼落的讚許，以及如雷的掌聲。
- 「觀看」人們臉上的微笑，熱切與欣羨的表情。
- 「感受」你腳踏在地板的知覺，以及大家向你握手道賀時的觸感。
- 最重要的，「體會」你的內在情緒，感受一股溫暖的自信光芒由內而外散發出來。

你是否覺得更有信心呢？有些人第一次做視覺化練習就感受到強烈的效果，有些人的感受則沒那麼深刻。不過，就和任何技巧一樣，視覺的想像力會隨著練習不斷進步。

下回再做練習時，盡可能想像出更多細節。哈佛大學出身的視覺化專家克勞斯（Stephen Krauss）表示，「想像的畫面必須夠精確、夠生動、夠詳細才會有效。」奧運滑雪代表隊的選手們在視覺化的訓練過程中，會想像自己前傾身子一路滑下賽道，感覺自身肌肉變得緊繃，並體驗每個凸起的小坡和彎道。

對某些人來說，用視覺化想像實境並不難，但有些人則對於聽覺的訊息較敏銳，在此提供視覺化的替代方案：挑選某些關鍵字詞或句子，專注在它們上面。一位客戶就整理出大量有用的句子，在此列出一些供大家參考，或許可以幫助你找到寧靜。這些詞句五花八門，品味風格迥異，有些或許讓你起雞皮疙瘩，有些則可能讓你心有戚戚焉：

- 下週或是明年此時，這件事還有那麼重要嗎？
- 這件事也終將過去。沒錯，一定會過去的。
- 找尋眼前令人驚奇的小事物。
- 愛上混亂。
- 宇宙之神或許連這樣的事都有辦法眷顧！

在我們驚慌失措、大腦一片空白時，這類格言往往成為救命仙丹，因為此時我們唯一記得的只是簡短的詞句。就像學習泛舟一樣，初學者必須先學會簡單的口訣：「趾頭對鼻頭」，用來提醒自己在船身翻覆時，應該採取的保命措施。就連經驗老到的消防隊員，有時在火場也得像新手一樣，複誦滅火守則，才得以順利救災。

在視覺化過程裡，你也可以加入真實的感官元素。譬如在朗誦或默唸的當下播放音樂——選一些讓你聽了精力十足、信心滿滿的音樂。電影主題曲的效果似乎特別好；從接受訓練的主管那兒，最常聽到他們使用《洛基》第三集、《火戰車》、《捍衛戰士》等電影配樂。我個人最喜愛的是《小飛俠彼德潘》的電影原聲帶，由紐頓霍華（James Newton Howard）作曲。選好音樂後，不妨戴上耳機，任由音樂帶領你到達任何想要的心理狀態吧！

一旦你熟悉上述技巧後，便可加入動作，將觀想提升到一個全新層次。由於生理會影響心理（沒錯，你的身體足以影響內心！下一章會有更詳細說明），因此只要做出特定的動作或姿勢，便足以帶來特定的心理感受。

不妨想一下，每當你達成某件事，通常會做出什麼動作？例如打高爾夫時揮出一桿好球，或是聽到天大的好消息時，你會做出經典的揮拳動作？還是高舉雙手大喊「讚啦」？在視覺想像接近尾聲、適逢信心飆升到高點的同時，若加入這類動作（或喊出相關的字詞），等於把你整個心理狀態「鎖定」在勝利的喜悅裡。如此一來，勢必會產生加乘效用。

藉由視覺、聽覺與動覺等各面向的觀想協助，你將會不斷精進技巧。如果你認為某個影像、辭彙、動作或是歌曲的效果不錯，不妨再微調一下，看看會有什麼結果變化。每當你深入觀想影像、聲音或是知覺的細微處，請用心觀察每個細節。無論是聽見鼓勵的聲音、感受到溫暖的陽光，都可以再進一步做一些微小變化。結合影像和聲音的觀想，對我最有效，這些年下來，我也運用了許多不同的組合。

視覺化實在是非常神奇的技巧，能夠幫助你增強信心、展現更大的善意、化焦慮為平靜，甚至引導你到達想要的內心狀態，進而透過肢體動作呈現出來。事實上，它值得你花時間，設計一個隨時可以救急的視覺畫面，並且不斷的練習，幫助自己重拾平靜與信心。如此一來，在壓力來襲時，你就不必在慌亂中臨時想出一個新畫面，你早已成竹在胸。在此我列出三種視覺畫面，讓你在上台演說前、參加重大會議前，以及感到焦慮時，得以瞬間提升你的個人魅力。

臨上台演說前

不少當代最知名的演說家表示，他們在步上舞台的前一刻都會試想一些畫面。說實在，應該沒有哪位偉大演說家不做視覺化演練的！

我從這十五年來的專業演說經驗學到，就算是短短三十秒的視覺想像，對之後的表現都有極大的幫助，可大幅提升我在講台上的魅力指數。因此，即便我對演說內容已非常熟悉，甚至能夠倒背如流，視覺化的演練依舊不可省略，以確保我能進入適當的魅力心態。

為了讓視覺想像發揮更大的效果，我會盡量提早抵達會場，先上台走走，熟悉環境。我會隨身帶著適合的音樂，直接在講台上進行視覺觀想，試著將自信與勝利的情緒，和場地產生連結。聆聽著精神抖擻、振奮人心的電影配樂，我的心中也開始演起自己的影片，鮮活的畫面裡，我做了一場完美的演講：當我自信十足站在台上侃侃而談，我看見並聽見觀眾熱烈的回響。

在臨上台前幾分鐘，我會躲進空房間（通常主辦單位會替講者特別保留這樣一個房間），再進行一段視覺化演練，同時隨著我專屬的電影配樂翩翩起舞。（沒錯，我真的會這麼做！）

參加重大會議前

我認識的年輕女實業家裡，有幾位令我印象深刻，席薇雅就是其中之一。她總是充滿自信，而且事業一帆風順，沒有談不成的交易，認識她的人都知道，任何生意只要她出馬，絕對能成交。

最近席薇雅向我透露，視覺化演練是她事業成功的祕訣之一。在重要會議前，她總會想像「因為他們喜歡我，所以面帶笑容；他們很清楚知道，我會帶給他們多大的益處。我盡可能巨細靡遺的想像畫面，甚至看得見他們微笑時眼角的紋路。」她把整個互動過程從頭到尾觀想一遍，一直到會談結束、順利成交，穩健的與對方握手道別。

我甚至發現，在撰寫重要電子郵件前，視覺化技巧一樣有效。

誠如正確的視覺想像足以幫助你散發出適當的肢體語言、自然的向對方傳達恰當的訊息，同樣道理，你也可以利用視覺想像讓自己進入特定的情緒或心理狀態，如此一來，你就能流暢的寫出適當字句。例如你想在信中傳達出親切感、關懷與同理心，只需進入親切與同理心的內心狀態，便能夠不費吹灰之力寫出適當訊息。此時，可以先觀想某個足以引發這類情緒的情景——譬如想像你的孩子跑來哭訴在學校受到的委屈，將有助於你轉換心情，順利寫出一封文情並茂的信件。

每當你感到焦慮時

最有效的對治方式就是讓催產素流遍全身，因為催產素——俗稱「信任的神經胜肽」（the neuropeptide of trust），會瞬間抑制「打或逃反應」的活化。我最喜愛的神經科學刊物之一《智腦期刊》（*Wise Brain Bulletin*）提到，二十秒的擁抱就足以傳送催產素，經由靜脈流至全身上下。而且，就算只是想像擁抱，也能達到同等的效果。因此下次感到焦慮時，不妨想像喜歡的人給了你一個大大的擁抱，整個身體都讓對方緊緊抱住。

我總是一再聽到客戶分享，訝異這些技巧怎麼會如此有效？「視覺想像的技巧拯救了不少麻省理工學院的學子。」一位剛從麻省理工學院畢業的學生跟我這麼說。

這間學府不僅以培育一流人才著稱，同時以高自殺率聞名，尤其在期末考期間更是嚴重。（麻省理工學院的自殺率比哈佛還高出三八%[1]。）現在，麻省理工學院的健康中心會在期末考期間發放視覺化技巧的CD給學生。有位客戶形容視覺想像是「現實中的絕地心靈戲法」。另一位客戶則說，他本來只在運動或音樂領域運用視覺化的技巧，從未想過可以應用在生意或日常生活上，但用了以後才驚覺效果一樣好。

十九世紀作家拿破崙．希爾（Napoleon Hill）時常想像，有九位知名人物擔任他的私人顧問，包括愛默生、愛迪生、達爾文和林肯等人。他寫道：「每天晚上……我都想像自己與這群我所謂的『隱形顧問』開諮詢會議，……現在我只要碰到自己或客戶難以解決的問題，就會去請教他們，效果往往出奇的好！」

你也可以依照各種情緒特質，個別選擇代表性人物——以拿破崙．希爾為例，他選擇法國拿破崙將軍擔任他的「自信」顧問。為了增強魅力，你應該選擇具備百分之百「自信」、「親和力和關愛」，或是「平靜與祥和」的人當顧問；或者選擇兼具這些特質的人物做你的心靈導師。每當你覺得需要人打氣時，不妨想像自己向這些人求助。由於大腦會產生絕佳的「安慰劑效應」，就算它不認為你的想像是真的，依舊會產生效果。

視覺化的確是一項威力十足的技巧。我認為它是所有強化魅力的技巧裡，最值得你一輩子運用的工具。光是這項技巧，就足以讓你在提升魅力上產生顯著效果。

❶ 據一九九〇年以來的自殺數據顯示，麻省理工學院每十萬人就有十點二個人自殺，隨後緊跟著的是哈佛的七點四個人，以及約翰霍普金斯大學的六點九個人。

感恩、善意與慈悲心

親和力是魅力行為的重要元素之一。它能夠讓別人喜歡你、相信你，進而想要幫助你。可惜的是，對大多數人來說，難以明顯展現親和力，也不容易讓人感受到。換句話說，親和力不是想要就能馬上展現的能力。

許多客戶向我透露，剛開始上訓練課程時，其實搞不太清楚展現親和力是什麼感覺。他們經常擔心：「假如我內心深處其實是冷酷無情的，那該怎麼辦？要是我怎樣都無法施展親和力，又該怎麼辦？」好消息是，你絕對不會冷酷無情。況且我非常確定：只要透過學習，人人都能展現出更多的親和力。

多數人之所以難以展現親和力，原因林林總總，可能是成長過程、童年或現在的環境造成，但也可能只是個性問題。在我進入研究魅力領域之前，親和力從來不是我的強項。當初為了感受親和力，我運用了本書所有的工具（稍後列出的每一樣工具，我都實際運用過）。你即將透過三個步驟——從非個人到極私密，逐漸展現出你的親和力。

首要之務是你必須先對日常生活中的每件事抱持熱情，特別是自己的生活；這裡談的熱情，是指廣義的感恩之情。對於平時不習慣與人互動的人而言，感恩的心是最佳利器，能夠賦予我們魅力十足的親和力，卻不必刻意與其他人互動。接下來你將練習向別人展現親和力，了解善意、利他、慈悲與同理心等議題。最後，你將學習對自己釋出善意——這或許是多數人感到最不自在的一種親和力吧！它同時也是近來新興的一門學科，我們稱為「自我慈悲」（self-compassion）。

上述任何一個步驟都足以大幅提升你的魅力，行有餘力，請同時進行三個步驟。無論你感到多不自在，都嘗試練習看看。

第一步：感恩與欣賞

感恩的反義辭是什麼？憎恨、窮困與沮喪，沒有一樣和魅力有關。帶著沮喪的情緒特別容易搞砸機會，不論是工作面試或情侶約會。感恩的心態則是所有負面情緒的解毒劑，它讓你專注在「已經擁有」的事物上，無論是實質的物品、經驗或是親密關係。感恩的心是個絕佳的引線，把你拉回到當下，立即賦予你信心與親和力。

近年來，似乎到處都可聽到大家在宣揚感恩的好處。不僅歐普拉大力鼓吹「感恩心態」，也有大量研究出爐，證實感恩的心讓人延年益壽、更健康，甚至更快樂。這門學問不僅令人驚嘆，藉由感恩增強魅力的方式也令人嘖嘖稱奇。

一旦進入感恩的心態，你的肢體動作瞬間就會產生變化，從頭到腳徹底改變：你的臉部線條變得更柔和，身體更放鬆，肢體語言同時散發出親和力與某種難以撼動的信心，能讓周遭的人眼睛一亮。

可是，鮮少有人可以輕鬆進入感恩的心態。

對大多數人而言，感激之心不是想升起就能如願的。因為人類生來就有「享樂適應」（hedonic adaptation）的天性，我們習慣物質生活帶來的快樂；將幸福視為理所當然。許多客戶向我抱怨，每當有人跟他們說：「你應該心懷感恩。」他們的心情只會變得更糟，反而會因為自己無法感恩而忿忿不平或心生愧疚。

有個方法可以幫助你激發感恩的心：專注在當下感受到的小小幸福。前陣子跟人在餐廳談事情時，我就專注在一些小小的喜悅：從窗外灑進來的陽光、蔚藍的天空、服務生送來正確的餐點，或只是開心的看到桌上有番茄醬可用，而且很美味。

另一個強化感恩的好方法，則是透過第三人的觀點來看自己的人生，用正面的角度描述自己。譬如第四章提及的瑪麗就這麼描寫自己：「瑪麗過著相當棒的人生，真的！她有穩定的收入。許多人得付出身體勞力以換取工資，還有很多人找不到工作，她卻能夠在辦公室工作。公司的人對她很和善，大多數的同事也很尊重她。親朋好友喜愛、欣賞她，也真心關心她。她是個很好的朋友，時常主動向需要的人伸出援手。今天她的表現實在可圈可點：完成了一份詳盡報告、向某位幫忙的同事表達謝意，還去了健身房。」不一定要多麼大的豐功偉業，只需像瑪麗一樣，寫出生活裡細微卻很重要的事，這些都值得我們感謝。

這裡再次證明書寫的重要，能讓這項練習發揮最大的功效。書寫會讓正面看法更加逼真，也更有力道。一開始想像別人是怎麼看待自己的，或許會讓你覺得是在空口說白話。不過一旦你開始書寫，就算可能還是覺得彆扭，但寫到後來，你會發現它們真的發生過。

接著你不妨遵照下列步驟，試著練習這些技巧。

感恩

練習時間

專注當下：下次當你發現自己因為一件不重要的事情而煩心，提醒自己，如將心思放在這件煩心的事，只會讓你的肢體語言折損你的魅力。遵照以下建議，有助於調整情緒：

- 檢視全身上下，找出你最自豪的三種能力。你或許會感激自己雙腳和十隻腳趾頭都健在，讓你行走自如。你也許會很慶幸自己能識字、無礙的閱讀。現在把它們寫下來吧！
- 環顧一下周遭，仔細看看，找出三件賞心悅目的景象——多小都無所謂。或許你會仰望天空，欣賞天空顏色的變化多端。或許你會注意到眼前的桌了，甚至是桌上那張紙的質感。馬上來試看看！

從第三者的觀點看自己：這項技巧需要花幾分鐘的時間，在你坐定之前先準備好紙筆。

- 首先，用局外人的眼光觀察、並描述自己的人生，把焦點放在所有你想到的正面觀點。
- 寫下你工作相關的事——你做哪種工作，以及哪些人與你共事。描述你個人的人際關係，親朋好友覺得你有哪些優點。列出今天發生的所有正面事件，以及你完成了哪些工作。
- 花點時間用白紙黑字將上述內容寫下來，只是想的話，效果不大。

想像自己的告別式：這是最後一項提升感恩之心的技巧。儘管毛骨悚然，卻是許多知名領導力研討會採用的方法，聽起來最極端，但效果不容小覷。

你是否曾有過這種經驗：你原以為遺失或失竊的重要物品後來找到了，你是不是大大鬆了一口氣？（每次我鑰匙不見又找回來時，就會有這樣的感受。）這是一種非常強烈油然而生的感激之情，幾乎沒有一個技巧像它一樣，能夠如此觸動你的內心深處。

你可以藉由想像自己的葬禮，製造一種失而復得的欣慰感，進而萌生謝意。短短不到一分鐘的想像畫面，就足以帶給你豐沛的感受，當你發現自己還活得好好的，便會興起感激之情。這項練習的主要用意，是協助你感受且熟悉各種層次的親切感。

這是少數能有效幫助人們學會感謝生命的方法之一。它可能會令你感動落淚，讓你大徹大悟，認清自己內心深處的核心價值；也可能讓你情緒激動到不能自已。因此練習時，務必選一個讓你可以盡情發洩情緒的場所——我通常建議選在家裡。想像的過程，給自己足夠的時間培養情緒，慢慢體會畫面，隨後慢慢淡出，結束後也要留下時間整理情緒。在做任何視覺化練習時，想像得愈詳盡愈好，最好五種感官都能派上用場。你若希望練習全程能聆聽語音導引，請連結到www.CharismaMyth.com/funeral。

坐下或是躺下來，把眼睛閉上，開始設定場景。你的告別式在哪裡舉行？安排在星期幾？幾點鐘開始？天氣如何？仔細瞧瞧舉辦告別式的建築物外觀；看著人們走進來。有哪些人來？他們穿著什麼樣的衣服？現在，把鏡頭移到室內。環顧四周，你有沒有看到鮮花？聞一聞彌漫在空氣中的濃濃花香味。望著人們從門外走進來，他們在想些什麼呢？他們坐在怎麼樣的椅子上？椅子的觸感如何？

你的告別式開始了。想一想誰是你最在乎的人，或是你最在乎誰的看法。這些人是怎麼想的？看著他們一個個走上台，發表悼詞。內容都說了些什麼？他們對你有什麼樣的遺憾？現在想想看：有哪些內容是你希望他們說，他們卻沒有說的？你又有什麼樣的遺憾呢？

看著人們跟隨你的棺木走到墓地，圍繞在你的墳墓四周。你希望自己的墓誌銘寫著什麼？

練習接近尾聲時，幾乎每個人——不分老少、男女、職位高低——都會熱淚盈眶。你或許會覺得感動、激動不已。盡量停留在這個情緒上，能多久就多久，試著熟悉它們。

透過這項練習，你會懂得如何感謝生命。感恩不僅是展現親和力前必備的首要條件，也是一項強有力的能力。即便深陷多麼難受的情境，都能引導你回到正面的心理狀態。光是想像一些值得感激或道謝的芝麻小事，就足以傳達正向的變化到全身上下的肢體語言裡。此外，它還連帶一項附加價值：你的安全感與自信心也會隨之提升，並增強你的內在表現。

第二步：善意與慈悲

你是否碰過讓你覺得他是真心誠意為你著想的人？對此你有什麼感覺？你應該會覺得非常窩心，感覺愉悅！善意是展現親和力、讓別人感到窩心的最佳利器。當你真心為對方著想，你會覺得彼此之間拉近許多，這種親近感會反映在你的臉上，對方也會認為你親和力十足，你的魅力指數也跟著飆升。

善意是呈現親和力三步驟裡的第二步；親和力一產生，接著就是魅力了。平常與人互動時，若能運用善意，你的肢體語言瞬間就會充滿溫暖、親切、關懷與慈悲——這些全是魅力的關鍵元素。

許多人跟我分享他們遇見柯林頓的經歷，他十足的魅力往往令他們印象深刻：「他給你的感覺彷彿此時此刻世上只有你和他兩個人。」我自己也很清楚，每當我向他人釋出善意，感受得出整個互動過程瞬間起了變化，對方頓時和善了起來，似乎更加喜歡我。

由於善意能釋出催產素和血清素流遍你全身上下，所以你的感覺會變好。此外，令人玩味的是，善意會降低互動時欲達到預設結果的渴望。當我們的目的只是想展現善意，身上反而沒有那麼大的壓力，我們不再汲汲營營，也不必辛苦把所有事情推向自己預設好的方向。由於我們沒那麼在意互動的結果，反而可以感受並釋放出魅力無比的信心。

所謂的善意，就是純粹希望對方好的心態。你可以把它想成是心裡的一處肌肉，可以透過練習來日益茁壯。就算你的「善意肌肉」已經萎縮，還是可以練回來。以色列威斯曼大學（Wiseman Institute）在最近的一項研究裡，利用功能性磁振造影探索大腦，發現正向的心態是可以學習的，就跟彈奏樂器或是精通某項運動的學習過程一樣。掃描結果顯示，經由訓練之後，它們所對應的大腦迴路竟出現「大幅的變化」。

針對初學善意的人，我有個簡單又有效的方法：在你想要釋出善意的對象身上，找出三樣讓你欣賞的特質。不論談話的對象是誰，找出三件值得欣賞或讚美的事物，就算芝麻小事也行。當你開始搜尋正面元素，你的心理狀態會跟著改變，全身散發出的肢體語言也會變得不一樣。

以下列出一些進階的善意練習，你不妨嘗試看看。對某些人而言，可能立即見效，有些人可能覺得不習慣。無論如何都試試看，就算不管用，還有其他方法。

首先，我要介紹的視覺化技巧是神經學家布拉杜（Privahini Bradoc）教我的。魅力十足的她，全身上下散發著親切感與喜悅，是我仰慕已久的人物。非常感謝她和我分享魅力的祕訣：每次與人互動時，她都會想像眼前這個人和周遭的人群，身上長著一雙隱形的天使羽翼。

這麼做能幫助你轉變觀點。就算興起對方本性良善的念頭只有半秒鐘，也足以軟化你對他的態度，開始心生好感，肢體語言也隨之改變。你不妨這麼試試：哪天走在路上或開車時，把看到的所有路人或汽車駕駛，都當成下凡的天使。你也應該把自己想像成是有翼天使。想像自己跟一群下凡的天使合作，每個人都真心誠意為你著想。許多客戶告訴我（裡頭不乏冷酷的資深主管），這個想像技巧對他們的幫助超乎預期；從他們的肢體動作裡，我也感受到他們的臨在感與親切感都大幅提升。

如果你是偏向聽覺型的人，不妨試試各種造句。譬如望著某人時，你可以在心裡默唸：「我喜歡你！我就是喜歡你這個樣子！」你也可以設法記住這項準則：「盡己所能去愛對方。」每天時時提醒自己這類座右銘，觀察內心與身體出現什麼變化。此外，還有一個多數人覺得同樣有效的箴言：「此時此刻在我所有能做的選擇裡，哪一樣能帶給這世間最多的大愛？」

對某些人而言，這三項技巧足以讓他們感受到善意，進而提升魅力裡的親和力；單單只是把心思專注在希望別人好，就能讓他們散發出溫暖。

不過對有些人來說，三項技巧可能還不夠——或許是因為我們想要釋出善意的對象難相處，或許對方惹得自己惱怒或憤恨，又或許因為對方太遙不可及了。碰到這類情況時，不妨試著超脫善意，進一步深入同理心與慈悲心中。

- 善意是指你希望某人好，但不必知道他們的感受。
- 同理心是指你了解他們的感受，或許你曾有類似的經驗。
- 慈悲心則是善意加上同理心：你很清楚他們的感受，而且你希望他們好。

吉爾伯特（Paul Gilbert）是專研慈悲心的權威之一，他將慈悲心（compassion）形成的過程做了如下描述：首先是同理心（empathy）——了解他人當下感受的能力，察覺出對方的苦惱；其次是同情心（sympathy），對於他人的苦惱心有戚戚焉；最後是慈悲心，此時心中升起一股衝動，想幫助對方脫離苦惱。

令人欣慰的是，這代表每個人生來就有一顆慈悲心，它深植在我們的大腦，甚至比認知能力更早形成，也更強烈。神經心理學家韓森（Rick Hanson）宣稱，人類是現今地球上最善解人意的物種。韓森保證，就算我們無法自然流露慈悲，仍然可以一步步進入慈悲心的狀態。

你的意願很重要：只要一心替他人著想，便能正向改變自己的肢體語言。光是這樣就足以讓對方覺得你真心在關懷，而這也是魅力的核心元素之一。

在學會游泳前，一定得先下水游過。同樣的，在學會慈悲心之前，也必須先練習對他人慈悲——就算剛開始不順，也要試著去做。試做下面的練習，讓自己心生更多的慈悲。

慈悲心

練習時間

善意與慈悲心能帶來親和力，軟化你的強勢，讓你不至於看起來過於自負，甚至目中無人。它們也是消融原本對立局面的祕密武器。

找一位認識的人當對象，運用下面三個步驟試著展現對他的慈悲心：

- 想像他們的過去：若你成長於他們的環境、教養方式，以及擁有那樣的家人，你會如何？若你也像他們一樣經歷各種風風雨雨，是什麼樣的感覺？常聽人說，每個人背後都有個故事，有些故事聽了讓人鼻酸。想想自己如果也經歷對方發生的每件事，或許你今天也會變得跟他們一樣吧！
- 想像他們的現在：此時請盡可能站在對方的立場思考。想像今天換作是你，會有什麼感受？試著設身處地、把自己當成對方、透過他們的眼睛看事情。想像他們此刻可能，以及埋藏在心底的各種感受。
- 若是你不得不向他們展現慈悲，請你望著對方並自問：假如今天是他們生命的最後一日怎麼辦？你甚至可以想像他們的葬禮模樣，以及受邀上台發表悼詞的內容。

這項練習或許讓你感到不自在又或許帶來濃濃的感傷，然而善意與慈悲心實在是不可或缺的職涯技巧——就算對單調如會計這類乏味的領域來說也不例外。

德勤會計事務所（Deloitte）高階主管施羅（Tom Schiro）就表示，慈悲心是他挑選主管時優先考量的特質，他認為慈悲心是魅力的核心元素之一。跨國企業德克斯戶外集團（Deckers Outdoors）總裁馬丁尼茲（Angel Martinez）也有同感：「同理心是魅力不可或缺的一環。當主管的人若沒有同理心，根本無法做好領導的工作。」

透過上述技巧，你將能夠順利對他人釋出善意與慈悲心。現在，讓我們進入跟自己最貼近、通常也是最具挑戰的一種慈悲心——對自己的慈悲。

第三步：自我慈悲

海倫的聰明伶俐有目共睹，她說話時鏗鏘有力，總是令人信服。她有條不紊、做事可靠、善於傾聽——她總是全神貫注聆聽別人講話。然而，她無法散發魅力，她自己也很清楚這點。她告訴我：「我知道我很風趣，我不僅是個很棒的傾聽者，也是個絕佳的聊天良伴。但我不認為自己吸引人，我完全沒有魅力可言。」

海倫有許多令她自豪的優點，但她到底欠缺什麼？答案是：親和力。大家對於她的豐富知識印象深刻，但是感受不到她的關懷。之所以如此，是因為不論是對其他人或是對她自己，海倫都無法感受到所謂的親和力。她反而常覺得與別人疏離，沒有交集。

我和她第一次見面時，她語重心長的大聲說出心聲：「為什麼別人要喜歡我？就連我也不喜歡自己呀！」可以想見，如此冰冷的內在訊息反覆縈繞在她腦海，再經由她的肢體語言持續向外播送，自然減弱許多她原本可以散發出的親切感。

對海倫來說，擁有魅力之前，她必須先「對自己更好」（self-warmth）。到目前為止，我們談的親切感都是對外，亦即對別人或對生活展現出親切感。然而，親切感也可以對內，也就是對我們自己展現——這就是所謂的「自我慈悲」能力。它聽起來（也感覺起來）不大討喜，卻足以扭轉我們的人生，當然，它同樣是強化魅力的良方。

首先，讓我們先釐清三個關鍵要素：

自信（**self-confidence**）：我們對於自己做好某件事或學會做某件事的能力具有信心。

自尊（**self-esteem**）：我們認可或尊重自己。自尊的多寡，通常是透過比較而衡量出來的——有時跟別人比較，有時跟我們自己內在的標準比較，之後再決定要認可自己到何種程度。

自我慈悲（**self-compassion**）：我們關心且善待自己，尤其在我們碰到難熬的情況時，能否依然對自己好。

自信十足、但自尊與自我慈悲都很低落的人其實不少，海倫就是最好的例子。她清楚知道自己很有能力，但她不見得欣賞自己，一旦失敗還會嚴厲苛責自己。

根據最新的行為科學研究指出，重視自我慈悲可能比看重自尊更有益身心。前者奠基於自我接納，後者的基礎則是自我評價與社會比較。自尊比較像是雲霄飛車，隨著我們跟別人比較後產生的看法起伏。此外，也容易導致自戀心理。

自我慈悲指數高的人，對於每天遭遇的挫折，展現較高的抗壓性；在遇到難處理的狀況時，譬如收到他人毫不掩飾的直率回應，也較少產生負面情緒。自我慈悲能力愈強的人，責任心通常愈大，能夠對事件結果負起責任。所以自我慈悲是判斷對方是否可靠的依據。再者，自我慈悲指數高的人也比較不會有死不承認的頑固心態。這樣的論證很合理，因為犯錯引發的自我批判較少，相對就比較願意承認錯誤。

一般人在聽到「自我慈悲」時，通常會把它跟放縱自我或是自悲自憐劃上等號。但事實正好相反。行為科學研究證實，自我慈悲的指數愈高，自悲自憐的程度就愈低。你不妨這樣來看兩者間的區別：自我慈悲的人覺得發生在自己身上的事是運氣不好；自悲自憐的人則認為發生在自己身上的事很不公平。也因此，自悲自憐會帶來忿忿不平或尖酸刻薄，而且覺得自己遭受孤立，感到孤獨。相反的，自我慈悲往往帶來更強烈的社會連結感。

在我們沒能達到標準時，自我慈悲能夠幫助我們原諒自己，防止內在批判聲浪掌控我們，避免負面情緒反映在我們的表情，減損我們的個人魅力。因此，自我慈悲對於展現親切感的幫助非常大。

有趣的是，自我慈悲也幫助我們展現更多的自信。

我的客戶布萊恩在銀行擔任高階主管，他的表現突出、成就也很高，但他總是對自己非常嚴苛。我們第一次見面時，他便脫口而出：「妳知道嗎？我真是受夠了心中那股自我批判意識！它實在是個大麻煩！」他跟我說，他可以感覺到住在心裡的那位批評家，從早到晚都在挑剔他哪裡做不好。

於是，我建議布萊恩試試看自我慈悲的技巧。不出幾分鐘，他就已經感受到變化了。他告訴我：「我感覺到立即的效果。我呼了一大口氣，覺得好放鬆，胸襟也變得更開闊。我的臨在感更濃烈，也覺得自己更具領導風範，更有架勢！」

由於自我慈悲會趕走內在的批判聲音，不讓它們影響你的肢體語言，因此它真的能夠讓你呈現出更挺拔、更自信的姿態。對布萊恩來說，他壓根沒想到自我慈悲會帶來這樣的效果，讓他成為更有自信的領導人。

不僅如此，自我慈悲的好處還多著呢！它能降低焦慮、沮喪、自我批判；能改善人際關係、帶來更多的社會連結感受、對生活更加滿意；也能夠提高我們處理負面事件的能力，甚至強化免疫系統的運作[2]。

聽起來很棒，是吧？但遺憾的，學校裡學不到自我慈悲的技巧。說實在，今日社會大眾還是覺得它是種放縱、不正當，又很陌生的東西。就算想學，多數人也不清楚該從哪裡著手。

所以，首先我們先來釐清它真正的定義。專研慈悲心的先驅妮芙（Kristin Neff）將「自我慈悲」定義為三階段的歷程：首先，知道自己正在經歷困境。其次，用仁慈的心予以回應，了解到自己正在受苦或是有不當的情緒，而不是嚴厲責怪自己。第三，理解自己經歷的事情，其他人也會碰到；提醒自己，每個人都會遭遇到類似困境。

生活不如意時，我們難免會認為別人過得比我們好。不妨換個角度想：每個人都會經歷你現在的感受，有人早已走過，其他人遲早會遇到。一旦你開始這麼想，就會明白自己跟其他人經歷到的事沒兩樣，因此不再覺得自己孤伶伶，失去依附。

每當我們的內心評論家開始挑剔自己哪裡做錯、哪裡不夠好時，往往讓我們以為其他人都做得比我們好，我們是全天下唯一不完美的人。尤其當我們以為痛苦是因為自己失敗或不夠努力才造成的，自我批判的砲火會更加猛烈——此時的攻擊會比我們以為痛苦是由外在因素造成的更激烈。這時候，自我慈悲更是不可或缺。

可是，我們要如何培養自我慈悲的能力呢？幸好，最重要的關鍵就是意念——你想不想善待

❷ 自我慈悲能夠中止引發恐懼、不安及防衛心等情緒的「威脅機制」（threat system），並轉而啟動「舒緩機制」（soothing system）。

自己？

《自我慈悲的明心之道》（*The Mindful Path to Self-Compassion*）一書作者葛默（Christopher Germer）堅信：「自我慈悲並非與生俱來，而是後天習得的技巧。它是一種內心的技巧，透過訓練，我們每個人統統學得會，還能不斷精進，沒有人例外。」葛默建議初學者先以目前的程度做為起點，找出平常用來善待自己的方法。往後再碰到負面情緒來襲時，提醒自己使用。

自我慈悲

練習時間

這個練習很簡單，不消幾分鐘就能完成。心裡不好過時，你通常都用哪些方式來善待自己，列出五項即可。在你覺得特別有效的方法旁邊，標注星號，這樣就完成了。你已經建立起專屬的自我慈悲表。

現在，你可以進階到強度更高的自我慈悲練習了。

大家都知道，魅力十足的達賴喇嘛總是散發強烈的親切感與慈悲心，所到之處，就算再怎麼鐵石心腸的人也會軟化。達賴喇嘛認為，自己之所以有如此影響力，多半歸因於佛教裡的慈悲技巧——「慈悲」（Metta）。

「慈悲」是佛家流傳數千年的慈悲與自我慈悲技巧，大意是指：「愛心與仁慈」。簡單來說，慈悲是指有自覺的對眾生懷抱慈心。神經科學家在檢視虔誠慈悲奉行者的大腦時，發現他們的大腦明顯異於常人。他們的腦波不但是從較深層處送出，遇到壓力時也恢復得比一般人快。此外，他們大腦皮質左前葉格外發達——此處為大腦的「快樂地帶」。

單單「慈悲」這一項技巧，就足以讓你抵禦內心批判聲音的攻擊，「慈悲」的種種好處也能大幅提升魅力指數，只不過，這項技巧實在有違大多數人的常規。老實說，我自己剛開始練習時，別說困窘了，簡直讓我難為情得要死。不過，就算你也有同感，還是值得你繼續嘗試。

慈悲

練習時間

以下的視覺想像將藉由量身訂做的技巧，引導你一步步做到「慈悲」。這項技巧在設計時，運用了人類與生俱來的兩個天性：對影像的吸收能力，以及對權威的崇敬。練習時若想聆聽線上語音導引，請連結到 CharismaMyth.com/metta。你會發現過程中一再重複某種韻律。這就是這項練習的設計原意，不必遲疑，請繼續練習。

- 舒適的坐著，閉上眼睛，做兩、三次的深呼吸。吸氣的同時，想像將大量的乾淨空氣一路吸到頭頂；吐氣的同時，想像那團空氣從頭到腳快速沖刷下來，洗淨你所有的煩惱。
- 回想生活中你曾做過的一件好事——大事小事都可以，它可以是個善行，也可以是一時的真誠、慷慨或勇氣。將心思暫時專注在這段回憶上。
- 現在想一個你鍾愛的對象——無生命、有生命、虛構或真實的都行，譬如：耶穌、佛祖、德蕾莎修女或達賴喇嘛。對象可以是人或寵物，甚至填充動物玩偶也行。
- 在心中描繪出這個對象的樣貌。想像他們的親切、仁慈、慈悲心。從他們的眼裡與臉上觀察這些特質。感覺他們對你散發一陣陣溫暖，包圍著你。
- 透過他們親切、仁慈與慈悲的眼神來看待自己，感受他們原諒你內心批判的一切錯誤。如今，你獲得了全然、百分之百的寬恕；你就是一張全新的白紙。
- 感受他們全心全意的包容你：接受你本來的樣貌，無論是現在或是成長過程，不管你完美與否，他們全盤接受。

你所有的不完美，讓你是完美的！在此成長階段裡，你是完美的！就在這訓練的過程，你以本來的樣貌獲得全然的接受！

許多客戶在做完慈悲的演練後，都感到身體變得放鬆。在進行到寬恕那一段想像時，他們的肩膀開始鬆垂。到了自我接納的想像畫面時，他們則感覺到一股暖意升起。許多人感覺胸口一陣熱流竄過，有人將它形容成一種「美麗的傷痛」或是「溫柔的感觸」。不管你感覺到什麼，只要感受到一絲差異，就代表這個練習開始見效。

就算你真的沒有感受「慈悲」技巧的效果，它還是值得你去持續嘗試，因為它可以帶來意想不到的附加價值。

雖然這項練習讓人難為情，但你會發現，做完練習之後，你一整天都會有更強烈的臨在感，與其他人有較深的互動，也較能夠專注並享受生活裡的美好時光。誠如葛默所說，「片刻的自我慈悲，便能改變你一整天的生活。一連串的片刻組合，便足以改變人生的方向。」

每當你感覺到內在批評的攻擊，隨時都可運用慈悲的觀想練習。就像葛默建議的：記得運用自我慈悲來對抗自我傷害。

有些研究開始將這類視覺想像的練習實驗在高度自我批判的人身上，結果發現：「挫折感、焦慮、自我批判、羞愧與自卑感都大幅降低。」同時，他們還注意到這些人「大幅提升對自己的親切感與安心感。」

假如慈悲的觀想練習對你起不了作用，試著在家裡或辦公室擺放推崇人物的照片，可以是親朋好友，或是公眾人物，任何一位可能影響你的人。只要此人與你個人信仰相應，或能夠溫暖你的心就行了——寵物或填充動物玩偶也可以。

為了培養內在的親切感，我闢了一個「慈悲圈」擺放這類照片，每天早上都在裡面做慈悲的練習。我也會隨身攜帶一個小本子，寫著我最喜愛的至理名言，確保自己隨時都處於正確的魅力心態。每當我翻閱這本冊子，它總能軟化我的心，提升我的親和力，效果無以倫比。此外，它總能在短時間內大幅提高我的魅力，讓我很快從原本的擔憂或憤怒，轉成平靜、自信、親和力十足的心理狀態。

一位客戶集結出一本名為「愛之書」的冊子。每當有人對她說了好話、讚美或是深情的話語，便把它們抄在本子上，甚至會翻閱以前的日記，蒐羅流露親切感的字句。她表示，每回閱讀這本冊子，都能感到溫暖、有安全感、受人珍視，彷彿內心深處住著一隊啦啦隊，鼓舞著自己度過每一天。

利用生理影響心理

目前為止，我們的焦點都放在心理如何影響生理；我們列舉出許多方法，利用心理與情緒狀態去左右姿勢、肢體語言、臉部表情。然而，你知道嗎？這樣的過程反過來也行得通。由於情緒與肢體語言緊密相連，因此你只要做某個特定姿勢或是臉部表情，其實就能在心裡產生對應的情緒。

就像視覺想像的練習裡，適當的影像可以創造出對應的情緒與肢體語言，你也可以藉由做出某些對應的肢體動作，反過來產生各式各樣的情緒。

在哈佛與哥倫比亞大學心理學家所做的實驗裡，要求受試者做出自信果決的肢體動作，說話時要語氣堅定，並搭配有力的手勢。結果發現，這些人果真產生了某種生理反應，讓他們感覺到且看起來更有自信、更有影響力。相反的，若受試者做出遲疑、服從的舉動，則會感受到完全相反的生理反應。

展現出自信的肢體語言，能夠讓你真的「感到」更有自信。這樣的感受又會回過頭來影響（些許調整）你的肢體語言，甚至因此呈現出更多的自信訊息。如此一來，你的情緒又再一次強化，自動產生良性的循環。

你要做的，只是起個頭就好。

利用生理影響心理

練習時間

試著做下面的姿勢，看看自己的肢體動作改變後，對心理與情緒會產生多大的影響。

- 首先，試著揣摩人在極度沮喪時的肢體動作。任由你的肩膀塌落，頭部低垂，臉部肌肉垮下。現在，身體維持這樣不要動，試著感受自己實在超級興奮。試試看！看你能不能在不改變原有肢體動作下，表現興奮的態度——這幾乎不可能做得到。
- 現在全部反過來：身體轉成興奮的姿勢：跳上跳下，彷彿你中了樂透頭獎，咧開嘴笑到最大，手舞足蹈。同一時間，試著感受你很沮喪。但同樣的，你也幾乎辦不到。

以下還有一些身體的變化練習可以試試：

- 為了展現出自信、魅力、莊嚴的氣勢，想像自己是某位軍事將領：雙腳打開與肩同寬、挺起胸膛、肩膀向後擴展、直挺挺站好，然後自信十足的將手放到背後。感受一下這樣的姿勢讓你的內在產生何種變化。
- 為了展現力量與親和力，身子站直、向上伸展手臂——愈高愈好，接著把氣吸滿，想像你的肋骨向外擴張，比平時大上一倍，露出最大的笑容，抬頭向上仰望，撐住一秒鐘不動，然後全部放鬆。

無論是重要的商業會議，或是社交聚會，幾乎每種場合都適合你運用這些簡單動作，轉化自己的心境。

我把這個技巧與一位好友分享時，她興奮的大叫：「我完全懂妳的意思！我之前在馬德里就發生過類似的事，到現在都還影響著我，我稱它為我的『豬小妹時刻』。」每當豬小妹準備登台《大青蛙劇場》面對觀眾前，她總會望著鏡子，精心梳理一番，然後大聲說：「我覺得自己美呆了！」接著腰桿挺直，高仰著頭，如大明星般旋風登場。

朋友向我分享了她的真實經歷：

當我走在馬德里格蘭大道上，我覺得又累、又餓、又寂寞，而且穿著土氣，讓人一眼就看出是個醜陋的美國人。我當然不能忍受自己這個樣子，那又能怎麼辦呢？我決定假裝自己是個隱姓埋名的電影明星。於是我想像自己生於皇家，做出貴族特有的姿態：身子站直，腰桿挺直，頭抬得高高的。剎那間，原本前一刻看起來過時的衣服，一下子成了最新潮、人人爭相要模仿的服裝。走在路上時，我發現每個經過我身旁的人都回過頭來看我——每一個人耶！當我向一位男士問路，他竟然問我是否有這個榮幸帶我到我要去的地方。這太神奇了！前後不過一秒鐘，我就從一名穿著邋遢過時的醜女人，搖身一變成為人人看得目不轉睛的電影明星。這真是難忘的經驗！也給我很大的啟發！

每當我告訴客戶，只要表現出更有自信的肢體語言，就足以讓人留下有影響力的印象，他們多半還是認為，自信這玩意是與生俱來的，不然就是年輕時訓練得來。因此，他們擔心若只是改變肢體語言，得來的是「假」自信。

事實上，你只需改變肢體語言，真的就能夠獲得「真正」的自信，旁人也會立即看出你充滿了自信。

沒錯，剛開始你可能會覺得不習慣或是彆扭，有點像是第一次拆掉輔助輪騎單車的感覺。可是，用了這些技巧以後，真的會看到效果。只要你持續使用，終究會習慣，最後成為你的第二天性。

為關鍵時刻做好暖身

想像你正在為一場馬拉松做準備。之前你完成不少賽事，目前體能處於顛峰，萬事俱備。到了賽事當天，你抵達賽場時會做些什麼呢？你會一直站在原地不動，等鳴槍一響就全速開跑嗎？當然不可能！出發前，你應該會仔細做好暖身運動。

施展魅力前，你也要做相同的事情：給自己一點時間暖身，好讓你的魅力指數逐漸升溫到想要的級數。若想要確保自己有十足的魅力表現，千萬別冀望自己可以靠著意志力，瞬間將魅力指數由零拉升到一百。單靠意志力是不可能做到的。我們必須認清，一個人一天可用的意志力其實非常有限。

人的意志力是有限的

行為科學研究證實，我們的意志力有點像是肌肉，使用得愈多就愈疲乏。

在利用意志力去抵抗某種誘惑，或是抗拒某個惱人事件之後，再面對下一件事情時，我們的意志力就會變弱。運用意志力，也會讓我們的身體疲憊。人的意志力是有限的，我們必須慎選使用的時機與場合。

還記得羅伯嗎？那位反應靈敏、卻沒有耐性的主管嗎？他常氣自己對人沒耐心。他發現每次開完會或跟人談完事情後，隨後幾小時內他的表現就會變差，這是因為他先前花太多心思在對抗自己內心升起的不耐煩。有時一個早上他就得應付好幾次這樣的狀況，接下來的一整天，他根本沒有餘力好好施展個人魅力。

我向羅伯解釋，他每一次使用意志力，都在耗損他的意志力存量。他應該停止苛責自己，同時理解到，必須學習適當運用意志力。我要求羅伯審慎考量哪些日常互動值得運用他珍貴的意志力，至於無需勉力處理的，則授權屬下處理，或是和同事交換任務，以免耗損過多的意志力在不重要的工作上。

這個道理也適用於你。例如某場晚宴攸關你的事業前途，你希望出席時能魅力四射。為了達成這個目標，你明白自己必須進入親和力與影響力的心境。而且，若想傳達出完美的自信，在晚宴那天，尤其是晚宴前幾小時內，不要安排可能破壞心情的會議或約會。

千萬別什麼都不做就直接出席晚宴，最好能為提升自尊，做點暖身活動，像是跟某位讓你喜愛自己的人喝杯咖啡，或是安排一些活動讓你覺得自己很厲害、很有成就感。晚宴之前若有雞尾酒會，記得跟那些讓你喜愛自己的人交談，遠離那些愛批評或嘲諷你的人。愛開玩笑的人也要避開，彼此開開玩笑可能很開心，但在你亟需展現魅力的重要時刻，還是別冒險的好！

誠如運動員在重要比賽當天早上必須心無旁騖，在你需要展現最佳魅力時，也必須謹慎過濾進入腦海的東西。就連聽的音樂都可能影響你的情緒與心理狀態——聆聽哀傷的音樂會讓你感到哀傷！進入腦中的所有事都會影響你的內心狀況，不可不慎！

我在整理音樂播放清單時，主要考量節拍與歌詞。當關鍵時刻來臨前，我會謹慎挑選歌曲，以符合想要達成的心理狀態，如建立自信、親和力、同理心或耐性，我發現這麼做真的有差別。此外，我也將這些播放清單細分為演說前、早上醒腦用，甚至還有「家族聚會前」（沒錯，我是認真的）。

一位客戶在初次使用暖身技巧後，興奮的寫信跟我分享：「我剛試了一下，真的有效！我向來在人多時會很不自在，所以很討厭參加聚會。但這次聚會前，我約了一位老友吃晚餐，並一起散步。當我走進聚會場合，又碰到一位好久不見的朋友，我把他拉到旁邊聊了一下彼此近況——我清楚知道這麼做也會讓我感覺很棒。從那時起，整個場合就像徐徐微風般愜意舒適。許多人甚至說我看來輕鬆自在，覺得我一定非常享受當下。我的確非常享受！」

另一個客戶則是經常舉辦派對，他在布置公寓時，常會一邊聽著派對上預定播放的音樂。他表示：「這麼做有助於提升我的能量，也讓我的心裡準備好當一名主人。去面試工作前，我有時也會這麼做。」

下回碰到重要會議，你不妨遵循以下練習，預先暖身，這是絕佳的魅力強化工具，有助你展現魅力。

暖身

練習時間

在重大活動前要做好心態的暖身，請遵照下列檢核項目協助轉換心情，以發揮你最大的魅力。

- 檢視當天的行事曆，看看活動前幾小時安排了哪些事情。想一想，這些活動和會議對你會有什麼影響。
- 若可以，避開任何會耗損你心力的活動，改成可以強化你自信或親切感的活動。
- 建立你自己的音樂播放清單，放入與你想要達成心理狀態相符的音樂。你可以建立分組清單，包括提升能量和自信、增加親切感與同理心、帶來平靜祥和等。這部分的練習本身就很有趣，可以隨自己喜好不斷添加新的歌曲。

對於不習慣採用之前視覺想像技巧的人來說，這是絕佳的替代工具。它可以直接取代視覺想像技巧，在你非常想要達到魅力顛峰時，也可以結合這兩項技巧一起使用。

假設你正要和某個非常強勢的人討論一項難以處理的議題。為這場會議做暖身時，不妨先在心裡想像你希望會議如何進行的畫面，接著找一個讓你感到自在的人進行情境的角色扮演。記得要以堅決自信的姿態，想像自己是名四星陸軍上將，正在校閱軍隊：雙腳與肩同寬、挺起胸膛、肩膀往後擴展、身子挺直，並自信的將雙手放在背後。練習用堅定的語氣說出你的訴求，加上強有力的手勢。

當你有一連串的會議、電話或面試要處理——無論是一天或一週內要完成，最好的安排是先從最不重要的開始做，將最重要的留到最後。如此一來，你才有機會練習、學習，一步步磨練你的技巧、增強你的信心。不妨把自己想像成運動員，這些都是熱身賽或模擬賽。

在撰寫多封相同主旨的信件或電子郵件時，你也可以採用下列技巧：從最不重要的開始，最重要的信件留到最後再寫。等你寫完四、五封郵件後，你已變得更加熟練，此時你的文筆也流暢多了。

如今你已學會如何進入魅力所需的心理狀態，可是要怎麼確保這些正向轉變能夠繼續保持下去？這就不得不談維護的重要了！若是你的身材練到一個標準，想保持下去，你應該要繼續原有的健身方式，並採取健康的飲食。你不可能一味冀望維持好身材，卻又不常上健身房、不吃正確的飲食。

魅力的維持也是相同道理：唯有經常練習前面幾章學到的所有工具，你才有可能維持魅力。

隨身魅力要點

- 要激發出所有的魅力潛能，必先建立起理想的心理狀態。
- 視覺想像有助於建立正確的心理狀態，進而呈現正確的魅力行為。為了讓視覺想像的技巧發揮最大效用，盡可能運用五種感官去想像逼真的畫面。
- 練習對著別人以及自己心懷感恩、施以善意與慈悲心，這麼做有助於提升你的親和力與自信。
- 參照專業運動員與表演家的做法：在你達到魅力顛峰表現前，先安排一連串的暖身活動。出席重要場合之前，避開那些會破壞你親和力的活動，改安排一些能夠大幅提升親和力與自信心的活動。
- 生理會影響到心理。逆轉視覺想像的技巧，從生理著手：試著採用正確的姿勢與臉部表情，進入你想要的心理狀態。

第六章

最有效的四種魅力風格

正如領導作風與個人特質，魅力也有各式各樣的風格。瑪丹娜和達賴喇嘛都是公認的魅力人物，但兩人吸引群眾的原因卻截然不同。

在本章裡，我們將會看到四種不同的魅力風格：專注、遠見、仁慈與權威。我們將會探討這些風格會以什麼型態來外顯、如何培養，以及何時能派上用場。

當然，除了這四種，還是有其他類型的魅力。不過，這四種是日常生活裡最實用、最容易達到的，因此也最值得我們鑽研。

專注型魅力：臨在感與信心

PayPal共同創辦人、現任特斯拉汽車公司（Tesla Motors）執行長的馬斯克（Elon Musk）是專注型魅力的典型人物。誠如馬斯克自己形容的，他的個性非常內向。在特斯拉開放式的辦公室裡，他的辦公桌放在最右邊的角落，桌面上幾乎沒有任何物品，只放了兩台大型電腦螢幕，像個防護罩般，把他和辦公室的其他人隔了開來。

然而，當他從螢幕後面現身，卻能展現百分之百的臨在感與全然的專注。你可以感受到他高度的注意力，全心全意聽你講話。他完全不用開口，就能夠讓你知道他了解你說的話：光是肢體語言就能讓你感受到他全神貫注聆聽你講話，而且充分理解你所說的。（第八章裡你將會學到這個祕訣。）

專注型魅力主要是透過臨在感的展現，讓人覺得你在當下全心全意和他們在一起，用心傾聽他們。換句話說，專注型魅力讓人覺得受到關注、聆聽，以及理解。千萬別輕忽這種魅力帶來的驚人效果。

在商場上，專注型魅力非常有用。一位曾和比爾・蓋茲近距離合作的主管對我這麼形容他：

多數人想到魅力時，多半會聯想到體型高大、呼風喚雨的權威人士。雖然比爾外表謙遜，體型瘦弱，看起來像個十足的書呆子，但他依舊能呼風喚雨，一剎那就讓人感受他全然的臨在。若是你對魅力人士的定義是，當這人一走進房間，全部的目光都落在他身上，這樣的話比爾肯定是有十足的魅力。魅力的另一種定義若是讓人想要接近他、想要聽他講話，那麼比爾肯定也有這等功力。

前ＩＢＭ總裁基勒（Jack Keeler）同樣是個魅力十足的人物，擁有專注型魅力的另一項關鍵特質：懂得尊重他人。

魅力的基礎之一是讓對方喜歡他們自己。基勒懂得如何讓對方覺得他們自己的意見很重要，認為自己舉足輕重。他打從心底相信，就算職位再小的員工，也可能具有超凡的智慧值得分享。某位和他共事過的主管告訴我：「時常看到他與工廠員工與工程師打成一片，他非常重視並尊重他們。相對的，他們也很尊重他。每當他出現在眾人眼前，所有人都精神為之一振。」

專注型魅力的模樣：專注型的魅力完全仰賴行為舉止來展現。臨在感是關鍵，只要你的肢體語言透露出一丁點的分心或不夠專注，對方就可能察覺，這些跡象一旦出現，便會瞬間對專注型魅力造成殺傷力。

如何培養專注型魅力：專注型魅力理所當然得具備專注力，以及全然的臨在感。再者，良好的傾聽技巧，以及適當的耐性，也不可或缺。欲培養專注型魅力，必須提升你臨在的能力——善用第二章臨在感練習技巧。（好好感受你的腳趾頭吧！）你同時需要用到處理內在不適的技巧，以防止它們阻礙你展現魅力，譬如責任轉移或全心探索知覺等技巧。

養成後應注意：專注型魅力應該是所有魅力類型裡最容易表現的一種，而且出奇的有效。然而，它伴隨著兩大風險。第一，若氣勢不夠，可能會讓對方覺得你有求於他，才會姿態擺這麼低，甚至卑躬屈膝。第九章會教你如何展現更大的魄力。另一個較不常見的風險則是，親和力若是太弱，會讓人覺得你咄咄逼人。若你專注時態度過於冷峻，互動的過程會讓人感覺像在面試，甚至更糟，像在審問。此時，為了消弭這種感覺，你必須在專注之外表現親切感與接納的態度，或是賦予真誠的尊重；你將在接下來的兩章學到這些技巧。

何時派上用場：專注型魅力幾乎在各種商業場合都吃得開；尤其當你需要別人敞開心胸、分享資訊時，更是必備的利器。事實上，專注型魅力對於管理顧問或是其他專業服務領域的諮商人員而言——如律師、會計師或財務顧問，是最理想的一種風格。同時，專注型魅力也有助於解決棘手的情況，像是談判或是化解火爆的衝突。不過，在你需要展現權威或在緊急狀況亟需人們立即聽從你的指示時，應避免使用專注型的魅力。

遠見型魅力：信念與信心

遠見型魅力能讓人感到熱血沸騰，帶給人們「信念」。擁有這種魅力的人會非常有影響力，但不見得討人喜歡。蘋果公司裡幾乎每個人都對賈伯斯敬畏三分，他在公司內外也樹敵不少。然而，就連這些人，也不得不承認賈伯斯的確富有遠見與十足的魅力。一位曾聽過賈伯斯演講的人形容：「他的話不但極具說服力，也充滿熱情。他讓我們全身上下每一個神經細胞都活了起來，忍不住叫喊：『沒錯！我懂你的意思！我一定追隨你！』」

遠見型魅力為何如此有效又威力十足呢？這和我們天生討厭不確定感有關。在變化多端的世界，我們渴望有個明確的東西能握在手中。

想展現遠見型的魅力，就必須向他人投射出對某個理想抱持堅不可摧的信心。換言之，遠見型魅力是以影響力為基礎，但也脫離不了親和力。遠見型的魅力人士本身不見得有親和力，但他們對自己的遠見強烈投入，甚至可說是狂熱。此外，若要能真正散發出魅力，他們的遠見必須涵蓋某種程度的高貴情操與利他行為。

一位記者曾這麼形容賈伯斯：「賈伯斯骨子裡有著救世主般的熱忱……他賣的不是電腦，而是讓世界更美好的承諾。」遠見型的魅力人士經常許下救贖的承諾——不妨想想聖女貞德或是金恩博士。此外，遠見型的魅力人士推銷的多半不是自己，而是他們的理想。

遠見型魅力的模樣：遠見型的魅力主要是從一個人的舉止顯現，包括他的肢體語言和行為。由於人們傾向接受他人投射出來的所有外在表現，因此只要你展現出激昂的模樣，人們就會認為你擁有某些足以讓人熱血沸騰的東西。在遠見型的魅力人士身上，外貌遠比其他類型的魅力還不重要。就算是衣衫襤褸，依舊能夠展現出十足的遠見型魅力。

如何培養遠見型魅力：訊息對於遠見型魅力而言非常重要。你要懂得如何精心打造出遠大的理想，並且知道如何以十足的魅力傳達出這些訊息（參見第十一章）。展現遠見型魅力的關鍵之一，在於你必須具備百分之百的信念，不能有絲毫的遲疑。你可以運用第三與第四章學到的技巧——以改寫現實來強化自己的信念；或是用責任轉移來消除不確定感帶來的影響。

養成後應注意：遠見型魅力可激勵人們萌生強烈的信念，進而帶來歷史性轉變。然而，也可能演變成狂熱的信仰，引導他人做出毀滅性決定，如邪教教主瓊斯（Jim Jones）說服九百人集體自殺。

何時派上用場：在激勵人心的場合，遠見型魅力不可或缺。尤其要激發創意時，更是最佳的利器。

仁慈型魅力：親和力與信心

當你還是小嬰兒時，無論你做了什麼，父母親都認為你好棒，全然包容你原來的模樣。然而，幾個月大之後，他們對你的接納變得有條件。你必須吃完你的紅蘿蔔、必須對外婆微笑，才能贏得讚許。從那之後，你再也很少有機會從任何人那裡獲得全然、無條件的接納——或許還有一個例外，那就是剛墜入情網的時候。

達賴喇嘛之所以能所向披靡，追隨者眾，原因之一是他能夠展現出極大的親和力，以及全然的接納。那些或許從未感受過全然且全心全意被接納的人，突然間竟然發覺自己獲得完全的接納與包容。在這其中起作用的，正是仁慈型魅力。

仁慈型魅力主要來自親和力，讓你與他人的心靈相通，使他們感到備受歡迎、獲得珍惜、熱切回應，最重要的是全然的接納。

仁慈型魅力的模樣：誠如遠見型與專注型魅力，仁慈型魅力也是完全透過肢體語言展現——明確來說，是透過臉部表情；甚至更精確的說，是透過眼神。

如何培養仁慈型魅力：你也能學會像達賴喇嘛那樣的魅力，只不過你需要有耐心刻意的練習，再加上正確的工具。首先從心態著手：多練習第五章的內在工具，如感恩、善意、同情、自我慈悲，以提升親切感。在第九章，你將會學到如何透過臉部表情、肢體語言、行為舉止展現親和力；同時還會學習到理想的眼神交會方式。

由於仁慈型魅力多半仰賴親和力，肢體語言最好不要表現出緊張、批判或是冷漠。此時，第四章所教的內在工具更顯重要，可用來處理我們心理或生理的不適。

養成後應注意：雖說仁慈型魅力以親和力為主要基礎，但在沒有影響力輔佐下，可能讓人覺得你過於急切想要取悅他人。此時，若是你懂得展現些微的影響力，就能避免留下這樣的印象。

你在第五章裡學到的技巧——視覺想像、暖身，以及利用生理影響心理，都有助於引導你進入正確的心態。接下來的章節，會教你如何利用肢體語言，平衡你的親和力與影響力。

仁慈型魅力是要付出代價的。我有一位好友，全身散發仁慈型魅力，無論走到哪，總是討人喜愛。從辦公室同事，到超市收銀員，只要跟她面對面接觸的人，都因感受到她的接納與關懷而深受吸引。討人喜歡雖好，但負擔也不小。如果這些人因無法進入她的生活圈而感到受傷或忿忿不平，她自己也會很難過、很愧疚。此外，仁慈型魅力的另一項缺點是：可能導致過度奉承，並有可能演變成過度依賴。在第十三章，你將學到一些技巧來應付這些副作用，以免影響你的魅力人生。

何時派上用場：當你想要與他人建立情感連結，或是讓別人感到安全與自在時，仁慈型魅力是最佳的選擇。在某些場合尤其需要，譬如宣布壞消息時（參見第十二章）。此外，在應付難以相處的人也出奇的有效（第十二章會談到）。然而，就跟專注型魅力一樣，當有必要展現權威時應該要避免使用，或是在你不希望對方因太自在而對你傾吐太多時，也最好不要使用（第十三章會有相關的技巧）。

權威型魅力：地位與信心

權威型魅力可能是所有魅力風格裡最有影響力的。因為我們天生對權威就有無比的順從，自古以來便是如此。當然，我們不僅順服善的力量，也會服從惡的勢力。權威型魅力的代表人物不僅有美國前任國務卿鮑爾和達賴喇嘛之屬，史達林與墨索里尼也同樣名列其中。人類對於權威的反應非常強烈，深植在人腦底層。

那些具備權威型魅力的人不見得受人喜愛。當麥可．喬丹隸屬芝加哥公牛隊、正值事業顛峰時，曾經告訴記者，他比較在意的是能否做好隊長的職責，至於別人喜不喜歡他，反倒沒那麼在意。該名記者在報導中描述：「他讓隊員恨得牙癢癢的，有時還讓人火冒三丈。可是，他利用個人魅力，大幅提升整個球隊的水準。」

權威型魅力的模樣：權威型魅力在於他人察覺到權力的威嚴；換言之，別人相信你有能力影響世界。我們可從四個指標判斷某人是否擁有權威型魅力：肢體語言、外表、頭銜，以及其他人對他的反應。

我們首先考量的主要是肢體語言：此人舉手投足間是否散發出影響他人的信心，或是展現出得以影響我們周遭世界的本事？

其次，我們會評估外在條件。我們與生俱來就特別在乎地位，也容易對它留下深刻印象，因為這種本能反應關係到我們能否存活：地位高的人有權主宰我們的生死。為了生存，我們必須知道自己在團體中處於怎樣的地位。如此我們得以敏銳察覺出細微的線索，協助自己判斷其他人的地位。

我們在評估地位（即潛在權力、權威型魅力）時，服裝是第一個、也是最重要的線索之一。我們會搜尋專業（例如醫生的白袍），或是權高位重（譬如軍警的制服）的特徵。我們會特別留意高社經地位或成功的跡象，譬如昂貴的衣著。根據一項在紐約街頭進行的實驗，結果發現：人們比較容易跟隨穿著昂貴衣服、但不守交通規則的人一起任意穿越馬路；相較之下，比較不輕易跟著打扮隨便、但胡亂穿越馬路的人一同過馬路。

在另一項實驗裡，某位研究人員在購物中心假裝進行問卷調查，有時穿著印有設計師商標的毛衣，有時則穿上沒有印商標的毛衣。結果發現，穿著設計師品牌的毛衣時，有五二％的人同意受訪，但穿著無商標圖案毛衣時，同意受訪的人只有一三％。此外，昂貴的商標圖案也會左右人做好事的念頭：穿著醒目設計師商標襯衫的研究人員募集的款項，比穿著無商標襯衫（或是大家都穿相同衣服）時，多出將近一倍。

最後，一個人的頭銜，以及其他人對他的反應，則給予我們更多線索，藉此判斷此人是否擁有權威型魅力。不過，這兩項指標沒有前兩項來得重要。光憑直覺，我們就能明白：頭銜大、但不受人敬重的人，他們握有的實權反而不比那些頭銜小、卻十分受人尊重的人來得大。

由於這些評估可能在一秒之內就完成了，它們的優先順序就變得重要。假如這些訊息相互牴觸，我們會按蒐集的前後順序來決定可信度。無論如何，肢體動作絕對是凌駕所有訊息的指標。就算每個訊息一致指向你是有魅力的，只要肢體語言呈現不安，都會減損你的權威型魅力。相反的，若是肢體語言夠強，單單靠它，就可展現十足的權威型魅力。

如何培養權威型魅力：你若想要擁有權威型的魅力，勢必得藉由地位與自信這兩個象徵，向他人展現你的影響力。幸運的是，這兩項最重要的特質，是透過你最能夠掌握的事物來呈現，也就是你的肢體語言與外表。

由於權威型的魅力深受肢體語言的影響，因此你的魅力指數取決於當下感受到的信心是否足夠。第五章提供了不少方法，讓你可以善用視覺想像、暖身，以及利用生理影響心理等技巧來轉化內心，呈現出自信的心理狀態。

為了在舉手投足間展現影響力與信心，你還必須學習如何利用身體姿勢「霸占空間」、別給對方太多非言語的保證（像是頻頻點頭），並避免坐立不安。同時，你應該要少說一些、說慢一點、知道何時應該及如何停頓，以及如何調整你的語調。這些散發影響力的肢體技巧，都會在第九章詳盡描述。

至於外表，穿著看上去昂貴或高級的服裝，馬上就能給人權威的印象。

養成後應注意：權威型魅力的好處是，別人都會聽你的，多半也會照你的話去做。然而，它還是有一些壞處：

- 會抑制他人的批判性思考。
- 並不鼓勵他人回饋，因此你有可能得不到真正需要的資訊。
- 容易讓人覺得你很自大。

此時，若你懂得展現親和力，便能避免以上問題。親和力不僅讓你看起來沒那麼傲慢或令人退避三舍，當眾人把你視為高高在上時，你若適當散發善意，更讓人覺得難能可貴。某個地位低下的人想盡辦法取悅我們，我們儘管覺得很受用，但多半不會把他的積極當一回事。畢竟，他們也幫不了我們多大的忙，搞不好我們才是能夠幫忙他們的人呢！但反過來，倘若今天是某個位居高職的大人物釋出善意、關注我們，我們一定受寵若驚，畢竟他們可是有呼風喚雨的本領呀！

何時派上用場：權威型魅力適用於多數商業場合。無論何時，只要你希望別人聽你的話、照你的指示做事，都可用得上。尤其在危機發生（參見第十二章），或是必須立即獲得他人服從時，權威型的魅力特別有效。另一方面，在婚喪喜慶這類社交場合最好避免使用；或是碰到敏感的商業時刻，譬如發布壞消息時，也不適合使用此種魅力。此外，當你想要激發創造力或建設性回饋時，也應避免，因為它會抑制其他人的批判性思維；此時你不妨改用遠見型、專注型或是仁慈型的魅力。

四種魅力，怎麼用才合適？

魅力並非只有一種展現方式；同樣的，一種魅力風格也不可能適用所有的場合。何時該用什麼，魅力才比較有效？又哪種魅力最適合自己？要完全發揮出你的魅力，首要之務是得決定你偏好的魅力風格，並了解使用它的適當時機。

不同類型的魅力，適合不同的情境。有些魅力宛如為你量身打造，有些魅力卻不適合你。在決定你要展現何種魅力前，你必須先評估三項指標：哪個最適合你的個性、目標，以及當下情境。

- **你的個性：**知道哪種魅力最對自己的味，你才知道該選擇哪種風格、工具與技巧以符合自己的專屬優勢。
- **你的目標：**你要很清楚自己想達成什麼目標。有些魅力能夠讓他人順從你，有些則引導他人敞開心胸與你分享。

- **情境：**你要去的是何種場合？因應不同場景，你必須展現出不一樣的魅力風格。

找出適合自己的魅力

首先，考量的是你本身的個性。

二〇〇四年美國總統大選時，凱利（John Kerry）之所以敗選，原因之一是他的競選陣營企圖改變形象，讓他變得更「容易親近」，因而掩蓋了他原有的高度專注和機智過人的魅力。這招不但沒效，更糟的是還失去那些喜歡他原本樣子的人的支持。何況，凱利的不自在反而讓他看起來很怪、又不誠懇。

在商場上，賈伯斯發展出符合自己個性的遠見型魅力，並忠於自己。有人說這是他的領導風格，也有人說這本來就是他的個性；不管怎樣，他的魅力始終真實且氣勢十足。歐普拉曾談到，當她面臨事業生涯的轉捩點，她一度徬徨，所幸後來放棄企圖成為「黛安・索耶」（Diane Sawyer，譯注：美國知名新聞主播）第二，否則不會有今日不同凡響的「歐普拉」。

你不必強迫自己施展特定的魅力風格，我也相當不贊同做任何違背個人價值觀的事，這只會讓事情更糟糕。強迫自己套用不合適的魅力模式，不但讓人不快，還會造成反效果。內向者強迫自己變得外向，可能會感到極不自在，無法自然的展現出外向模樣，變得很彆扭，別人對他也會留下這樣的印象。因此，與其對抗你原有的性格，不如找出適合性格的魅力，以產生最大的成效。

內向者的魅力訣竅

練習時間

若是你天生就不習慣大型的社交場合，下回出席宴會時，別強迫自己一下子就四處交際，或是逼自己一整晚都呈現「開機」狀態。不妨嘗試幾個簡單方法：到達會場後先給自己五分鐘的時間在角落觀察一陣子。宴會進行時，偶爾給自己「內向空檔」：零星五分鐘的獨處時刻。一位魅力十足但性格非常內向的朋友，她出席社交或商業場合時常常這麼做。等她再度回到人群，人們多半形容她的模樣魅力四射。

你不但不必勉強自己使用某種魅力風格，也不必限制自己只用一種。這裡列舉的魅力種類只是從周遭環境整理出來的例子，在日常生活裡，你可以看時機交替運用各種魅力風格。你熟悉的魅力類型愈多，就愈能靈活應變。

在各種社交場合都吃得開的人，可謂所向披靡。派拉蒙公司（Paramount Equity）執行長巴納德（Hayes Barnard）就告訴我，他把自己當成是把萬用瑞士刀，任何情況都可應付自如。當他穿梭於各種場合，會依照不同對象或團體刻意改變自己的聲音和肢體語言。而他在挑選主管時，也會尋找有類似能力、能夠多方面靈活應變的人才。

其實，這些魅力風格不過就是擷取我們個性的不同面向，並以我們自在的方式呈現出來而已；畢竟我們每個人的心裡或多或少都有一絲仁慈或權威。每當你練習某種風格，它就會變得愈自然。假以時日，這些行為就跟刷牙一樣簡單自在了。

屆時，你不但可以輕鬆的從一種魅力風格，轉化成另一種，還可以混搭不同類型的魅力，譬如注入大量的仁慈到權威型魅力，或在專注型魅力中加進一些自信的權威感。歐普拉單單在一場訪問，就能同時展現專注和仁慈，有時甚至還會展現遠見型魅力。柯林頓與歐巴馬則都是遠見型魅力的代表人物，兩人也都帶有一點權威。歐巴馬在專注上略勝一籌，見過他的人都表示，他的智慧有目共睹，與人談話時，他必定全神貫注。柯林頓則在親和力上略勝一籌，他的「超凡同理心」可是出了名的呢！

選擇魅力風格時，記得要先檢視你的內心情緒。若出現任何一絲不安全感，千萬不要嘗試在重拾信心前運用權威型魅力。此時，不妨先採用某個不那麼需要信心的魅力風格，譬如專注型或是仁慈型，然後再慢慢轉成權威型魅力——若你非它不可。你也可以花點時間重建信心，等恢復後，便能夠順利展現出權威型魅力。

選用魅力風格的第二項考量，是你想要達成什麼目標：你希望別人有什麼感受？你希望他們怎麼回應你？假如你想要別人聽你說，並順從你，那麼權威型魅力再適合不過了。前面各節，已經讓你明白哪種魅力風格最適合哪種目標。隨著不斷演練施展各種魅力，你將會更清楚知道哪些場合適用哪些風格。

施展因地制宜的魅力

選用魅力風格時，第三點要考量的就是場合。

生活中難免碰上某些場合就是不適用某種魅力類型，即使再怎麼有效也沒輒。但另一方面，某些場合就是非得要運用某種魅力才行。舉例來說，許多研究都一致指出，人們面臨危機時，往往會追隨英勇、自信與果決的人。此時，正是權威型與遠見型魅力大放光采的時刻。

人們會因場合的不同，對於你及你展現的魅力衍生出不同的看法。

先來看看情緒部分。情緒會影響我們對他人的觀感——可能會加強或是減弱對方的魅力。譬如處在危機或緊急等特殊情緒的時刻，人們較容易覺得你富含魅力。不過也可能有例外：小布希總統在九一一攻擊事件發生之前，許多人都覺得他很有魅力，危機發生之後反而對他很失望。

想了解你所處的是什麼樣的情緒場合，只需問自己：周遭的人正經歷什麼樣的感受？他們此時最需要什麼？如果你正要開除某人，權威型魅力或許不太合適，改採用專注型或是仁慈型的魅力會比較妥當。再者，你也可以像歐普拉一樣，交替施展多樣魅力，運用你個性裡的不同特質，因應情境中的種種面向。

社交場合同樣是你必須認真考量的重點：在美國被視為有魅力的行為，在日本卻不盡然。在北美，同樣的眼神交會讓大多數人視為誠懇直率，但到了亞洲某些地區卻可能被視為具侵略性，令人不自在。雖說臨在感、親和力與影響力是魅力的基本元素，但它們展現的方式還是得依不同文化做調整。不過，話又說回來，只要有正確的心態與行為，依舊有八成的機會讓人感受到你的魅力。臉部表情是全世界的通用語言❶，因此無論你在紐約、新德里，甚至在巴布新幾內亞做出善意、同理心或是關懷的表情，各地人們的感受想必都是一樣的。

更重要的是，對於你展現的意圖，人們一旦感受到便深信不疑。因此，假如你打從內心釋放善意，勢必會顯現在你的臉部表情與肢體語言上，進而傳達到對方的心底。感受到你善意的人因而「不由自主的」喜歡上你，並用正面的角度看待你的行為舉止。總之，不妨把善意當作施展魅力的基本，只要你能夠進入善意的內心狀態，勢必有辦法散發出正確的魅力。（你可以用第五章增強善意的技巧。）

此外，你可以選擇某些場合實驗新的魅力風格；換句話說，你可以利用比較不那麼重要的場合來拓展自己的舒適圈。假如你參加的網路聯誼或是雞尾酒會，對你的事業或社交生活幾乎不會有什麼影響，不妨趁機試驗一下。此時正是你做實驗、測試新行為的好時機，好好利用這些場合，循序漸進熟悉新的魅力風格。你甚至可以利用和收銀員、大樓管理員短暫閒聊的機會，練習新的技巧。

另一方面，在攸關重大的場合，譬如發表重要演說或是面試，千萬別冒險嘗試新技巧，免得給人不舒服或留下不可靠的印象，最好的辦法，還是展現自己原本就熟悉的行為與魅力風格。

	權威型魅力	遠見型魅力	專注型魅力	仁慈型魅力
基礎	信心	信念	臨在	關懷
代表人物	鮑爾 邱吉爾 柴契爾夫人	賈伯斯 聖女貞德 金恩博士	甘地 毛澤東 比爾·蓋茲	達賴喇嘛 德蕾莎修女 黛安娜王妃
給人的感覺	印象深刻 敬畏三分 受到威嚇	激勵人心 確定感	受到關注 得到聆聽 獲得理解	獲得接納 受到熱切回應 倍受珍視

❶ 保羅·艾克曼（Paul Ekman）為了研究此議題跑遍全世界，深入最偏遠的地區去研究獵採（hurter-gatherer）部落，整理並測試出一萬多種臉部表情。

如何呈現	在他人眼中的模樣	好處	壞處	如何平衡
投射出崇高地位與高度自信，相信自己有本事影響或改變其他人	行為：臉部表情、肢體語言、舉止外表：地位象徵、服裝、頭銜、其他人的反應	他人會聽從並順服你；在危機時刻非常有效	抑制批判性思維；不鼓勵回饋；可能給人傲慢印象	增加親切感
投射出對某個崇高理想、信仰或遠見的全然信念	行為：臉部表情、肢體語言，尤其是聲音	激起強烈的信念；激發創意與團隊精神	可能引發狂熱的信仰；可能給人過分虔誠的感覺；好壞一線之隔	展現脆弱的一面
投射出注意力、專注力與臨在感	行為：臉部表情、肢體語言，尤其是眼神	容易上手；出奇的有用	可能給人急切或卑躬屈膝的感覺；也可能會咄咄逼人或像在質問犯人	增加信心；增添親切感
投射出親和力、關懷與包容	行為：肢體語言，透過眼神與聲音	建立起情感連結與安全感；受人喜愛	可能造成別人過度依賴或分享太多；在商業場合可能不太適合	增強信心

隨身魅力要點

- 選擇適合你自己個性、目標與場合的魅力風格。
- 你可以交替或是混搭運用各種魅力風格。別強迫自己套用不適合的魅力風格，免得用起來綁手綁腳。這樣做不僅對你本身的感受有負面影響，也讓別人對你產生不良觀感。
- 你能運用的魅力風格愈多，你就愈靈活，也愈自信。
- 利用無關緊要的場合，向外延伸你的舒適地帶。
- 碰到重要場合時，堅守你原本熟悉的魅力風格。
- 以善意做為你的安全防護網：當你打從心底散發出真誠善意，所展現的魅力十之八九是合適的。

第七章

第一眼就留下好印象

要給人絕佳的第一印象，機會只有一次，不可能有第二次。短短幾秒鐘，不過匆匆一瞥，對方就已看出你的社經地位、教育程度，甚至連你有多成功都推測出來了。接下來幾分鐘內，對方便能判斷出你聰不聰明、可不可靠、能力強不強、友不友善、有沒有信心。這些評價雖然全發生在這麼短的時間內，卻會維持好多年。所以，第一印象往往是難以抹滅的。

差勁的第一印象有沒有可能扭轉？答案是可以的。有時候，再多見幾次面，對方可能會改變對你原有的印象。只不過，你必須費上一番工夫，那麼還不如一開始就給人留下好印象。

為什麼短短半秒鐘的印象卻能持續如此久呢？經濟學家約翰・高伯瑞（John Kenneth Galbraith）推測，原因之一可能是「當我們面臨『要改變既有想法』，還是『證明既有想法沒必要改變』的選擇時，幾乎每個人都會選擇後者——找證據來印證原本的想法。」行為學家也證實了高伯瑞的說法：一旦對某人做出評價，日後的交往過程，我們會不停找證據佐證當初的想法。我們看到的、聽到的每件事，全都會透過最初印象的濾鏡篩選。

若你第一次與某人碰面時，給對方留下美好印象，這個好印象會不斷美化你們接下來的關係，使對方愈來愈喜歡你。相反的，若是一開始就留下不好的第一印象，不僅注定這次要出師不利，連日後的會面也會受到影響——無論你之後的表現再怎麼無懈可擊，也很難扭轉。

辯護律師就深諳此道，知道當事人給陪審團的第一印象可能會影響判決結果，於是通常花上數小時準備，打造當事人完美的第一印象。也因此，就算你開會遲到得再久，也值得多花三十秒的時間，讓自己回復到正確的心理狀態和肢體語言。你總不希望冒著風險，給人留下毫無魅力的第一印象吧！

第一印象之所以影響深遠，另一個原因是：最初的印象往往真的很準。根據德州大學奧斯汀分校進行的一項研究指出，光憑一張人像照，人們便可精準猜中對方十項人格特質裡的九項。這十項人格特質包含了外向性、開放性、合群性、責任感、情緒穩定性、受人喜愛程度、自尊、孤僻性、宗教信仰、甚至政治傾向。

一位研究人員表示：「長久以來，我們都認為人們往往會根據一丁點的訊息，就對別人妄下結論。令我們驚訝的是，從這些研究結果看來，第一印象的準確度竟如此之高，即便只是單憑一張照片！」

許多研究也都證實了這項說法：人們往往能夠精確猜出別人的個性，就算才剛認識幾秒鐘也一樣。哈佛大學研究團隊給學生看一段兩秒鐘的無聲影片，影片中是一位素未謀面的老師，並要求他們評估這名老師的教學成效。接著，研究人員將評估結果拿來跟實際上過這位老師課程一個學期的學生相比，竟然發現這兩組結果出奇的雷同。這意味著，就算從未聽過這位老師講話，也沒上過他的課，對他完全陌生的人也能準確預測出他的成效評比。

許多執行長和人力資源部主管常不諱言，自己在面試員工時，在最初幾秒鐘內就已決定是否錄取這個人。誠如某位資深主管跟我說的：「剩餘的面試時間都只是做做樣子而已。」

哈佛大學研究團隊發現，第一印象源自於大腦反應最快的部位，也是最早發展的區域。這種爬蟲類腦（reptilian brain）造就出我們原始、本能的反應，它可能是我們遠古祖先存活下來的關鍵。在那個狩獵採集為生的年代，一旦某個模糊影子進入視野，我們往往只有半秒鐘的時間判斷它是有生命還是無生命、是人類還是非人類、是敵還是友。換句話說，半秒鐘就得決定「迎戰？逃跑？還是放鬆警戒？」那些能夠在瞬間做出正確決定的人便能存活、繼續茁莊、繁衍後代。而沒法立即反應的人，最後只能變成別人的「大餐」了。

今日，即使在高度發展的商業環境，我們依然保有狩獵採集時代的生存本能。當初次和某人見面，我們便會發揮本能提問：來者是朋友還是敵人？他們的意圖是善意的嗎？於是，我們沿用部落時代即相當有用的二大線索來找出答案：外貌和舉止。

如果對方有可能是敵人，那麼我們的下一個問題便是：迎戰還是逃跑？如果他們真的心懷不軌，他們有沒有能力實踐這個意圖？為了找出答案，我們的大腦會試著推斷敵我雙方誰有辦法在戰鬥裡勝出，考慮的因素包含了身高、體型、年齡、以及性別。

唯有這兩項評估流程做完，我們才會考慮要跟對方說些什麼、以及用什麼方式表達。

黃金定律：我們喜歡跟相似的人在一起

那麼，要怎樣才能給別人完美的第一印象呢？其實人們思考的邏輯很簡單：我們喜歡跟自己相似的人。在漫長的歷史洪流，人類出於本能，大多選擇群居在部落。在這樣的環境中，必須能夠準確認出某人是不是你的族人，因為這關係到你的生死。若是懂得有效運用這些本能反應，這場仗你已經贏了一半。

當人們的服裝、外貌、舉止和語言都相似時，他們便自然而然推論出彼此也有共同的社會背景、教育甚至價值觀。他們覺得彼此就像是同一族的族人，又或者如吉卜林（Rudyard Kipling）在《叢林奇談》（*The Jungle Book*）所寫的：「你我都是同一血緣。」

早在舉止與肢體語言出現之前，我們就已先會評估整體外在了。這或許是因為從遠處辨識出衣著，有助於我們更迅速判斷來者是朋友還是敵人、是我方還是外族。換言之，衣著基本上就是現代的部落服飾。

部落服飾：你想融入人群還是鶴立雞群？

你可以想像美國總統穿著浴袍發表國情咨文嗎？當然不可能！無論我們怎麼努力保持客觀，但不可避免的，服裝就是會影響到觀感。同樣的演說，穿著西裝發表，跟穿著浴袍發表，給人的印象勢必截然不同。

一位丹麥籍經理告訴我：「我發現，我穿的衣服愈正式，我的意見愈受人重視！」對他來說，之間的差異非常大。某天他身著輕便服裝提出了一個意見，隔天改穿西裝提出一模一樣的意見，卻得到天差地別的結果。他表示，「第一天幾乎沒人在聽我說什麼，但在第二天，每個人都認真豎起耳朵，我的意見也順利獲得採納。」

一九七〇年代，年輕人的穿衣風格大致分成「嬉皮」或「中規中矩」兩種。於是，研究人員想測試服裝帶來的影響。他們穿著不同風格的衣服到校園——有時是嬉皮風，有時則穿得整整齊齊，找大學生借零錢打電話。結果發現，當他們找上穿著風格相近的學生，有三分之二的人願意掏錢出來。但當他們找上穿著風格跟自己迥異的學生，只有不到一半的學生說好。

美國運通（American Express）就深諳此原則，並將它化為優勢。他們讓銷售人員打扮成大學生模樣進入大學校園，成功踏出了第一步。接著，他們又推進一步：不光是讓銷售人員打扮成學生模樣，他們直接雇用學生當銷售人員。就在此時，公司的業績一飛沖天。

部落服飾

練習時間

融入人群還是鶴立雞群呢？答案取決於你的目標。如果你想要讓別人感到自在，那就穿著他們的部落服飾吧！IBM經理在派遣旗下銷售人員拜訪傳統企業客戶時，總會告訴他們：「你可以穿任何想穿的衣服，只要它是深藍色的套裝就可以。」

在投資銀行上班，你不可能穿著夏威夷花襯衫。在新創企業上班，你也不可能穿著三件式的西裝。即使在同一產業，還是有不同的著裝規範：稅務律師跟娛樂業律師就不可能穿著同樣的西裝。

如果你想給人留下深刻印象，先留意對方環境有哪些衣著款式，然後選擇最頂級的式樣。俗語說得好：「佛要金裝，人要衣裝。」講的就是這個道理。

這的確值得你事先做好功課。假如你要參加一個聚會，先打電話詢問主人。如果你要參加面試，前幾天就先到那間公司看看，觀察進出的人都穿些什麼。

我第一次造訪甲骨文公司（Oracle）時，犯了一個錯誤，我穿了一套都會風格的黑色套裝。甲骨文不僅是西岸的企業（「休閒」的同義辭），還是高科技產業。他們很快就勸我把套裝丟了。最近，我在Google總部做一些諮詢專案，我穿著牛仔褲想融入他們，但我指導的那些傑出工程師，個個穿著短褲、T恤和夾腳拖晃來晃去。

握手的學問

一位財星五百大企業執行長跟我談到，有次他必須從兩位資格相近的候選人中錄取一位，他最後選擇了握手握得比較好的傢伙。太誇張了嗎？也許吧！但愛荷華大學的管理學家在分析面試的互動後，做出這樣的結論：「握手比起合群性、責任感或情緒穩定性都來得更重要。」許多研究也證實，握手能夠提升隨後互動的品質，產生更高的親密度和信任——而這全發生在握手短短的幾秒鐘內！

我常跟客戶說，無論他們的西裝、手錶、或公事包多麼貴重，若是握手的方式很差勁，勢必會重挫他們給人的第一印象。正確的握手方式，遠比名牌西裝來得便宜；不必花錢，效果卻比它強上許多。權威型的魅力尤其需要理想的握手技巧，你能想像哪個權威人士握手有氣無力的模樣嗎？

儘管握手看似微不足道，卻是親密關係中舉足輕重的一步。這項肢體接觸仰賴信任，需要暫時打開彼此的個人防禦空間。一旦雙方取得了互信（表示握手很順利），彼此關係才算真正建立起來。

目前已知最早的握手圖像出現在古埃及壁畫，可追溯至公元前二千八百年左右。至今為止，握手在多數文化和世界各國依舊非常普遍，且向來以右手為主。因為傳統上，右手是用來拿武器的，伸出未持武器的右手向人致意，代表暫時不會有危險。

在古羅馬時代，握手其實是互扣手臂：緊握另一人手肘以下的部位。此一動作是為了摸清楚對方袖子裡是否藏有匕首。到了中世紀，騎士則採取更進一步的防範措施，他們除了緊扣手臂外還加上握手，試圖將暗藏對方袖裡的武器搖晃出來。因此，握手的禮節於焉誕生。

在眾多糟糕的握手方式中，讓我們來看看哪些是最惹人厭的：

死魚式握手：這應該是最糟糕的一種吧！此時，只見一隻有氣無力、軟趴趴的手伸出來，幾乎連搖動一下的企圖都沒有。這類型的握手往往在會議還沒正式開始前就毀了它。不幸的是，我碰過許多女性採用這種糟糕的握手方式。

指節壓碎式握手：這種握法可能是為了展現男子氣概，但也可能只是因為握手的人手勁很強卻不自知。或許，它是源自於不當的教導：有些女性就誤以為，握手力道愈強，對方才會更看重她們，因此以為握手時一定要緊緊握住對方的手，彷彿那是她們唯一的救命稻草。

主導型握手：這時伸出的手是手心朝下，這或許意味著「我想要在稍後的互動裡占上風。」這種握手方式還有另一種版本，那就是**扭轉主導型的握手法**——原本直直伸出來握的手，等到握住對方之後立刻轉向，取得上風。

雙手握式：我們不妨用這個經典的雙手握式，來為這一系列差勁握法劃下句點吧！在這種情況下，你會感覺到對方的左手沒有閒著，它可能覆在你的右手上、手腕上、手臂上、肩膀上、甚至你的脖子上。它又稱為「**政治人物式握手法**」，從這樣的名稱你大概就了解：人們對於這樣方式握手的人不會有什麼好感。唯一的例外是：對方早已是你很好的朋友。然而，即便如此，我還是會把它保留到特別需要傳達溫暖的時刻再用（別輕易拿出來使用）。

許多客戶驚訝的發現，他們竟然曾經犯了上述某些錯誤卻不自覺；甚至可能因為這麼做，使得自己在一個字都沒說的情況下，魅力就讓人打了折扣。那麼，怎樣的握手方式才算完美呢？請參照以下表格裡，理想握手方式的十項元素。

練習時間

理想的握手方式

握手時請遵照下列十個步驟。你也可以上CharismaMyth.com/handshake，觀看由真人示範的影片，學習何謂好的、壞的，以及無懈可擊的握手方式。

一、先做好最重要的事：務必確保你的右手是空的。無論原本拿了什麼東西，請提前從容的移到左手。你總不希望臨到要握手時，才手忙腳亂吧！

二、避免用右手拿飲料，尤其冰的飲料。不然，它可能會讓人覺得你的手冷冰冰，或濕濕黏黏的。

三、跟別人握手前，不管你是男還是女，只要坐著，請一定要站起來。此外，別將手插在口袋：兩隻手都露在外頭，讓你看起來更加外放和真誠。

四、務必使用大量的眼神接觸，親切但短暫的微笑。笑的太勤會讓你顯得過於急切。

五、挺直你的頭，不要歪向任何一邊，讓臉完全面向對方。

六、將你的手掌保持完全垂直的角度，既不主導（掌心向下），也不順從（掌心向上）。若你不確定怎麼做，只要把大拇指直直朝向天花板就對了。

七、拉開你大拇指與食指中間的距離，以確保虎口跟對方的虎口能夠完全貼緊。

八、讓手掌心保持平坦，而不是呈杯狀，好讓你和對方的手掌心緊密貼近。同時，你的手要跟對方的手呈斜對角握著。

九、試著用手指頭包住對方的手，一隻隻放上去，就像是用你的手在擁抱對方一樣。你的食指幾乎是放在對方的脈搏上——這裡說的是「幾乎」，但並不完全是。

十、一旦你的手跟對方的手完全貼合，把你的大拇指往下扣住，穩穩的使力握住——跟對方的力道差不多即可。接下來，以手肘（不是手腕）為軸心搖晃你的手。若是你想要傳達獨特的親切感，不妨多停留一會兒，然後向後退一步。

一些客戶試了這些方法後，回過頭告訴我，他們非常訝異良好的握手方式居然帶來那麼大的差別。你可以跟朋友或家人練習握手，相信他們會非常坦率的回饋給你，也不妨讓他們閱讀這節內容。（請注意，這裡說的一切專門適用於美加地區。）

好了，你已經給對方留下美好的第一印象，也給對方一個完美的握手做開場。你朝著他們走過去，接下來你要做些什麼呢？你得說話！魅力十足的健談者懂得如何輕鬆打開話匣子，讓人感到特別，然後優雅的結束談話。

接著，讓我們一同來看看要怎麼從頭到尾都跟對方維持良好的關係——從你打開話匣子到你離開為止，分別該採什麼樣的方式進行。

打破僵局

開啟良好互動最簡單的方式就是讚美對方身上穿戴的服飾。這麼做不僅向對方釋出善意，也將互動引向好的結果。若是你想要展現仁慈型或是專注型魅力，這會是理想的開場白。同時，若是你想平衡欲展現的權威型魅力，不讓自己給人太過強勢的壓迫感，這也是絕佳的破冰方式。

握完手之後，問對方一個開放式問題，譬如：「你可以告訴我這件衣服是哪裡買的嗎？」對大多數人而言，「告訴我」這幾個字充滿強烈的情緒效果，直接引導他們進入「說故事」的模式，瞬間拉近你倆之間的關係。況且，對方選擇穿戴這樣的衣服，想必是喜歡它的。

「你是哪裡人呀？」則是打破僵局的另一個好問題。無論答案為何，都能讓話題延續下去。不管對方回答「紐約」或是「新德里」，只要你不是那裡的人，便能接著問：「那裡的成長環境是什麼樣子呀？」若是對方出身的城鎮很小，你卻依舊展現出濃濃興趣，他們會更加開心。

若想讓對方開口說話，只需問開放式的問題，像是：「你今晚為什麼會來這裡？」或是「你跟這個活動有什麼關係？」相反的，若採用封閉式的問題詢問，只會換來「是」或「不是」的回答。而且，一旦答完這類問題，你又回到剛剛的原點，得再想些別的話題來延續彼此的對話。

此外，問題應該以正向題材為主，因為人們會把與你談話時產生的感受，和你這個人做聯想。想必你應該知道，別問對方「離婚談得如何？」這類問題，反倒該問一些引發對方正面情緒的事。你問的問題，足以將彼此之間的對話引導到你想要的方向。

若是對方開始問你問題，而你希望再度把談話焦點拉回他們身上，不妨利用「回彈」（bounce back）技巧。先據實回答對方，加上個人評論後，再把問題重新轉向他們身上。例如：

對方：「那麼你們要搬到哪裡去？」

你：「切爾西（事實）。我們超愛那裡的公園和糕點（個人評論）。你覺得那裡怎麼樣（重新轉向）？」

切記，最好把談話的焦點放在對方身上，愈久愈好。誠如班傑明．迪斯雷利所說：「跟別人談他自己，他會願意聽你講好幾小時。」

事實上，就算是換你講話，內容裡最常出現的字也應該是「你」，而不是「我」。打個比方，與其說：「關於這個主題，我在《紐約時報》上讀到一篇很棒的文章。」不妨試著說：「你可能會喜歡最近《紐約時報》刊載的一篇相關文章。」或者只是簡單的在句子開頭加上「你知道……」，便能讓對方立刻豎起耳朵專心聽你講話。

為了拉近跟對方的關係，應該慎選你的遣詞用句，配合對方調整用詞的深度與廣度，以及表達的方式。換言之，你可以聚焦在他們有興趣的領域上，從中挑選相關的譬喻。比如對方很愛打高爾夫球，你不妨用「一桿進洞」來形容成功。若是對方會開船出海，則可以用「船難」代表慘敗。

我有位客戶是德意志銀行的分析師，一直無法好好跟上司相處。據她形容，她上司的言行舉止相當粗暴，就跟軍國主義者沒兩樣，「事實上，在我們的日常言談裡，他經常使用戰鬥的辭彙。」我聽完之後，覺得這正是我們需要的線索。於是我建議她運用軍事的比喻，將自己比擬成一位「忠誠的士兵」或「稱職的中尉」，接著再逐漸增加對談中使用軍事辭彙的比例。結果，不出一星期，她便告訴我他們兩人的關係大幅改善：他現在似乎視她為「他的派系人馬」，是足以倚重的下屬。她只不過在用字遣詞裡添加了幾句話，竟然就有這麼高的投資報酬率。

優雅的退場

誠如第一印象能為隨後的互動添色不少；同樣的，最後幾分鐘的談話也是如此。人們喜歡與富含魅力的談話高手聊天，但這麼一來，對方可能會因聊得太開心而不想放你走。事實上，你愈是有魅力，愈難從仰慕你的群眾裡脫身。許多魅力人士表示，這是他們的一大挑戰。那麼，究竟要怎樣才能優雅的抽身呢？

首先，對話宜盡早結束，別拖太久。不然你和對方都會感到壓力而不自在。最簡單的方式當然就是有個非走不可、冠冕堂皇的理由——或許是你擔任宴會的志工，或是有公務要忙。別人一聽到你「有任務在身」，自然就不會預期你能聊太久。

另一個漂亮的退場方式則是提供對方某些好處，例如：

- 資訊：你覺得可能對他們有幫助的某篇文章、某本書、或是某個網站。
- 牽線：居中引薦某位他們應該認識的人。
- 曝光機會：邀請他們到某個你隸屬的機構演講。
- 表彰功績：某個你覺得他們應該獲得提名的獎項。

提供好處往往讓他人對你心生好感與善意，如此一來你也就能夠留下慷慨的印象光榮退場。

退場時，先等對方講話告一段落，然後說：「你知道嗎？針對你剛所講的，有個網站你真的應該看看。你有名片嗎？我再寄給你網站的連結。」等諸如此類的話。等對方拿出名片時，就是退場的絕佳時機，不妨接著說：「太好了！我會很快寄電子郵件給你。很高興認識你。」

另一種情況下，若是對方答應去見會場裡其他人，你只需說：「讓我來介紹你們認識。」然後把他們聚在一起就行了。由於你剛剛大方的施予對方恩惠，對方心中勢必不由自主的對你產生好印象。此外，你也可以把身旁經過的人拉進你們的談話，畢竟三、四人的談話圈比兩人的容易退場。

要是你必須打斷某一組人的談話該怎麼辦呢？或許你必須從某個談話圈裡，拯救出某位有意離開的人；或者你需要介紹其中的人給另外的人認識；又或者是其中一人為了職務必須離開。

碰到這種狀況時，你必須集中注意力，帶著特別友善的眼神注視對方（參見第九章的技巧）——不是看著你要帶走的人，而是被留下來的那個人。這麼做是盡量不讓對方覺得自己受到排擠，此時尤其要用仁慈型或專注型的魅力來表達。這時候，最好的措辭方式應該像：「真的很抱歉，但克里斯多夫必須先去忙（某某事情）。你可以容許我帶他離開嗎？」這麼說至少讓對方感覺決定權在他們手裡。

一旦對話結束，別浪費時間擔心剛才說的話、後悔剛剛不該說哪些話，或者想著下次要說什麼。一項麻省理工學院媒體實驗室的研究指出，影響人們的不是你用的字眼或是說話的內容。事實上，人們只記得跟你講話時的「感受」。

你或許記不得一週前跟某人談話時的確切內容，但可能記得對方給你的感覺。換句話說，留在對方心中的不是你說話的內容，而是談話過程裡刻劃出的情感印記。如果你善用前面講的所有技巧，那麼你留給對方的情感印記肯定棒得無話可說。

隨身魅力要點

- 短短幾秒鐘的第一印象，影響的不只是接下來的互動，還影響到你跟對方往後的關係。
- 人們和自己外表或行為等相似的人在一起，感覺最自在。見面前先做好功課，決定你要穿怎樣的衣服、該如何遣詞用句來因應場合。
- 良好的握手方式影響深遠。同樣的，差勁的握手也會留下不良且難以抹滅的第一印象。因此，花時間精進正確的問候技巧是值得的。
- 談話高手懂得把焦點放在對方身上，讓對方產生自我良好的感覺。
- 談話高手也懂得如何優雅的退出一段談話，留給對方正面的感受。

第八章

開口就吸引人的學問——別忘了好好傾聽

現在我們已經知道，肢體語言與其他非語言信號可以傳達出各式訊息，甚至在還沒開口說話前，就足以展現出一個人的魅力。雖說管理好魅力的心理狀態是首要之務，但有些說話和聲音技巧能幫助你順利向外傳達魅力十足的心理狀態。此外，你也能在本章學習到如何在聆聽時展現臨在感，以及怎樣在說話時展現影響力與親和力。

魅力傾聽的藝術

每當我問擔任執行長的客戶，他們在與人相處方面，最想要改善的是什麼，他們大多會回答：「傾聽的技巧」。這項技巧雖然聽起來不那麼複雜或需要高超技術，卻是魅力組成中不可或缺的要素。大多數的魅力大師都擁有一流的傾聽技巧。好的傾聽者，不必說一個字，就能讓對方覺得獲得完全的理解與聆聽。事實上，你只要用心傾聽，便能輕易給人留下深刻的印象。

接下來，我們要談展現臨在感的三大關鍵：用心傾聽、不打斷對方談話，以及刻意的停頓。聆聽是首要之務，因為它是臨在的根本，而臨在則是魅力的基礎。

約翰．甘迺迪以「完美的傾聽高手」著稱，他總是讓別人覺得他「全心全意和自己在一起」。絕佳的聆聽技巧使他無論跟誰談話都能全神貫注並理解對方的感受，也讓他和每個人都建立良好且情感深刻的關係。

我相信你一定知道傾聽的重要，然而你是否知道，只需些微的調整，就能大幅提升你的聆聽技巧——由「好」變成「超凡」呢？理想的聆聽技巧奠基於正確的心態：你是否有意願和心理能力去做到臨在、付出注意力，並且專注在別人的談話？可以想見，這不僅是展現專注型魅力的絕對關鍵，也是其他魅力風格的催化劑。

我的客戶最常犯的錯誤之一，是把傾聽當成是「讓對方說話，直到換我說。」遺憾的是，光這樣還不夠。就算全程都是對方在說話，你也不能放任自己心思散漫，等到對方講完才回神。即便你只是在構思接下來要說什麼，但你心不在焉的證據已寫在臉上。對方會認為你不夠專注也不夠關注，只是在等他們把話講完，再急不可待的接著講。

臨在感是有效聆聽的基礎。你已經學會如何在他人講話時，防止自己思緒亂飄的技巧：

- 假如你改不了恍神的毛病，不妨將注意力放在生理知覺上，把思緒拉回當下——譬如專注在腳趾，或是一呼一吸之間空氣在體內流動的感覺。
- 若你的問題出在不耐煩，試著「全心探索」你身體正感受到的所有細微知覺，然後再回來面對眼前這個人。

心態對了，接著如何確保行為是正確的？要做到有效傾聽，就要讓對方感受到你全然理解他說的話。

「良好」的傾聽者知道絕對不可打斷他人的話。即使對方剛說的讓你忍不住想打岔也不行。無論你是想道賀，還是熱切回應，一旦打斷對方，他們勢必會不高興或感到受挫，因為你沒讓他把話說完。一個客戶告訴我：「單單這項技巧就彌足珍貴！我現在知道了，千萬不要打斷別人的話——這或許是我從妳這裡學到最重要的一項技巧吧！」

「優秀」的傾聽者懂得讓別人打斷他們的話。有人打斷你的話時，就隨他們去吧！他們這樣打斷你講話是對的嗎？當然不對。但是，即使他們錯了，也沒必要讓他們覺得自己錯了。此時，你反而要讓他們覺得自己是對的。如果你發現對方一直迫不及待想要講話，不妨盡量簡短語句，多留一些停頓的空檔，方便對方插話。

人們真的很愛聽自己說話。你愈給他們機會發言，他們愈喜歡你。某位年輕主管告訴我：

「工作面試時，我總是獲得錄用。面試當中，大約有百分之九十的時間，我都讓面試官滔滔不絕的說下去。等我走出門，他們一定愛死我了，因為我們談的全是他們在意的話題。」

「一流」的傾聽者則懂得另一項額外的技巧：回答問題前稍作停頓。這項簡單、卻出奇有效的方式能讓人感受到你全然的聆聽與理解。鋼琴家許納貝爾（Artur Schnabel）曾說：「我寫下的音符不比多數鋼琴家還要好。不過我在音符之間所做的停頓——呀！那才是真正的藝術！」

懂得如何以及何時停頓，也是商業洽談的一門學問，而且大多數的魅力談話高手都能掌握自如。停頓不僅被視為談判的重要技巧，也能讓你周遭的人對自己感覺良好。如此一個簡單的技巧，就足以讓人感到聰明、風趣，甚至印象深刻。

當別人說完話時，試著讓你的臉部表情先呈現出正在消化他剛才說話的內容，再流露出你對他們精采陳述應有的讚賞。如此過了兩秒左右，你再開口回應。整個流程大概是：

- 對方講完話。
- 你做出正在理解的臉部表情。
- 你以臉部表情做出回應。
- 此時（不能比這更早），你才開口回覆。

我必須聲明，這並不容易。你得泰然的面對沉默，因為你可能不只會覺得尷尬，還會整顆心七上八下，不知道對方在這兩秒想些什麼。然而，它絕對值得你這麼做。許多客戶反應，這個簡單的技巧有極大效果。他們談話的對象似乎更加輕鬆自在，覺得自己的話得到更深入的理解，因而願意敞開心胸分享。只不過投資兩秒鐘的耐心，就能換來如此豐盛的回報。

絕佳的聆聽技巧會帶來臨在感，這是魅力的基礎之　，同時提升每一種魅力風格。如今，你已經奠定了展現臨在感的穩固基礎，接下來，看看要如何傳達富含魅力的親和力與影響力。

魅力談話的藝術

想像自己某天早上趕著上班，你倉促的刷牙洗臉換好衣服並衝出大門。就在第一個路口等紅綠燈時，你目擊了一場死亡車禍。日後每當你經過這個路口，會想到什麼？當然是這場車禍！從今而後，一旦你經過這個路口，要你不想起這場車禍，幾乎不太可能。你可能會憶起當時受到的驚嚇與恐懼，或是全身血液瞬間凝結的感受。

在經歷某事件的當下，大腦會將我們的感受和事件發生的場所、人物，以及我們意識到的身體知覺做連結。這就是為什麼汽車廠商老是找美女模特兒拍廣告來促銷車子。（這確實有用：一項研究要求受測男性看完汽車廣告後評價汽車的性能。結果打美女牌廣告的汽車，廣獲好評：速度更快、更酷、更讓人想擁有。）

同樣的聯想也會發生在負面情緒上。為什麼電視氣象預報員常收到觀眾的恐嚇信？因為有的觀眾就是會把氣象專家跟他們預報的天氣強烈的聯想在一起，認定是這些預報員害得天氣變糟。在氣候惱人的季節，氣象預報員接到死亡威脅信可說是家常便飯。

試想一位專職負責資遣員工的企業主管（比方說，人力資源經理）。人們一想到她，很自然的馬上產生負面聯想，把她這個人和她的工作職責聯想在一起。事實上，市場也因此衍生出一種專門扮演壞人、代人通報壞消息的行業，像是解僱員工、關閉工廠等等。這群人成為眾矢之的，任由人們憎恨，但他們隨即消失無蹤，把最糟的負面聯想也跟著帶走了。

你是否聽說「不斬來使」這句話？早在古波斯時代，戰事結束後，前線就會派出使者，把勝利或失敗的消息帶給國王。如果使者帶回捷報，便以盛宴款待；若是他帶回的是戰敗消息，便立即處死。雖然我們不會再因一時衝動而處決使者，但這句話背後的道理依然沒變：人們會把你這個人、以及你在他們身上引發的情緒，全都聯想在一起。

一九〇四年，伊凡．巴夫洛夫（Ivan Pavlov）（後來獲得諾貝爾獎）正在研究動物的消化過程，在實驗室裡養了一群狗，每次擺好飼料，就會搖鈴呼喚牠們。某一天，當他閒閒沒事把玩響鈴時，注意到一個奇怪現象：狗兒一聽到鈴聲，不但立刻衝到平時的餵食區，還開始流口水。

許多貓主人都有類似的經驗：還沒把貓罐頭打開，貓咪就已出現在飼料碗旁邊了。其實我們人類也是一樣。是否有些歌曲讓你聽了精神為之一振？有些則讓你想起往事、眼眶泛淚呢？你是否曾因為某種味道或氣味，思緒一下子被拉回到童年的某段時光呢？

我們會把情緒和景象、聲音、味道、氣味、場所，當然還有人，聯想在一起。這就是為什麼別人會把你這個人和你給他們的感覺產生聯想。展現魅力風格時，特別是仁慈型的魅力，關鍵在於讓別人對自己感覺良好。迪斯雷利獨到之處就在於，他讓每個談話對象都感到自己聰穎和迷人。人們因此把跟他相處時的美好感受，跟他這個人聯想在一塊。

由於我們隨時隨地都會引發別人的聯想，因此無論在商業或是社交場合，你都必須清楚知道自己帶給別人的是什麼樣的感覺。若想讓人覺得你有魅力，你必須建立強而有力的正面聯想，而非負面印象。

一間全球前幾大的會計事務所請我去訓練他們的「明日之星」：這群亮眼的年輕經理人態度認真、苦幹實幹、企圖心旺盛，著實讓我印象深刻。他們由於豐富的專業知識與才幹，獲選到總公司服務兩年，隨後再回任原本的地方辦事處。不過，公司絕大多數的人都非常討厭他們。

在總公司服務的這兩年，這群年輕經理人專門處理所有地方辦事處的棘手事務。換句話說，當這些辦事處碰到難以解決的燙手山芋，或是事情出了狀況，就會尋求這群人的專業協助。這些後勤支援專家會花時間找出錯誤，並提供解決方案（或是說明可能的解答），久而久之，大家便把他們跟棘手情況和不愉快的情緒聯想在一起。

可以想見，當這批專家由總公司「遣返」、再度回到各地辦事處時，當地員工怎麼可能熱情迎接他們歸來；這些人以前可是專門來糾正他們錯誤的。這就是不當聯想惹的禍。這群明日之星得設法讓別人感受到獲得支持，扭轉負面聯想，這實為一大挑戰。

我們的做法是，確保他們通報的消息裡好消息或中性消息居多，亦即報喜多於報憂。他們學著把焦點放在人們做對的事情上，開始發送電子郵件提供最新的實用訣竅，甚至設立「榮譽榜」表揚傑出的地方辦事處。這些技巧幫助他們在展現高高在上的專家權力時，注入親和力與讚許，讓人更覺得難能可貴。

大方接受讚美

我們常不經意引發他人負面聯想、降低自己的親切感，卻渾然無所覺。人際相處上，隨時都有引發負面聯想的可能，尤其當我們讓對方覺得自己不好——錯了、不得體，或像個笨蛋的時候。

收到別人的讚美時，你的感覺如何？打個比方，當對方說你好看，或是你完成了某件事讓他很感動，你的第一個反應是不是想淡化它？對多數人來說，聽到讚美，會既高興，又帶點尷尬，不太知道該如何應對。我們多半不是突然害羞起來，就是謙虛的想轉移話題：「哦！這沒什麼……。」

遺憾的是，這麼做反而傳達一個訊息給讚美你的人：他們讚美你是不對的。他們可能因此覺得自己相當愚蠢，甚至產生聯想，認為你讓他們像個笨蛋。一旦你常讓他們有這種感受，很快的他們就不想再讚美你了。不過，若是你讓他們覺得恭維你是件好事，他們對自己的感覺也會變好，因而想繼續讚美你。下次有人稱讚你時，不妨採用以下步驟，巧妙應對：

- 停下來。
- 咀嚼對方的恭維。如果可以，好好享受它。
- 做出你正在消化讚美的表情。讓對方感受到他的讚美對你起了作用。
- 感謝他們。說聲「非常謝謝你」就可以了，你還能進一步感謝他們如此貼心，或告訴他們，他們的讚美會讓你開心一整天。

想像一下，如果柯林頓收到你的讚美，你覺得他會怎麼應對呢？每當給客戶建議時，我都會分享一位朋友恭維柯林頓的經歷。當時這位前總統正在參觀Google總部：

看到他從大廳迎面走來時，我原本只想跟他說聲「嗨！」打個招呼。但有那麼一秒鐘，我腦中閃過應該說些別的。一回神，我發現自己竟對他說：「嗯，謝謝您為這個國家所做的一切。」他停頓了一秒，若有所思，彷彿從來沒有這麼想過。接著，他看來似乎接受了它，一副這是他聽過別人對他最貼心的讚美。此時，他的肩膀放鬆下來，露出一個超大「噢，您過獎了」的笑容，並用一種童軍看到偶像的表情——好像我才是總統，開口道：「哦，這是我的榮幸。」這種接受恭維的方式真是絕妙呀！他做得實在是無懈可擊。

想讓對方覺得在你身邊很自在，就應強化你的親和力，讓對方心裡產生正面的聯想。眾所周知，柯林頓總能讓每個談話的對象都覺得自己是那個場合裡最重要的大人物。但要怎麼做才能給人這種感受呢？

首先，想想看若是你的確在跟那個場合裡最重要的大人物講話，你會怎麼表現？你可能會想聽他們說的每一句話，你可能會展現十足的好奇，甚至露出崇拜的神情。這些正是讓別人感覺自己超棒、把所有良好感覺跟你聯想在一起的應有態度。

正如卡內基所說：「你若真心誠意對別人感興趣而成為朋友，不出兩個月，朋友的人數就比你兩年內努力讓別人對你感興趣而結識到的朋友，多出許多。」一個很棒的訣竅是，想像眼前的對象是電影大明星。這能幫助你從對方身上找出更多有趣之處，甚至讓他們覺得自己真的就像電影明星一樣。魅力人士在有意無意中，都善加利用了正面聯想。難怪我們常聽到人興奮的分享，魅力人士是如何又如何讓他們感到「與眾不同」或「棒得無話可說」。

我總是告訴客戶：「別努力打動他人，而是讓他們來打動你，如此一來，對方會愛死你。」信也好，不信也好，你真的不必讓他人覺得你多聰明，你只需讓他們覺得自己很聰明就行了。

圖像化，勝過千言萬語

如果你被告知每年因吸煙造成的死亡人數，過了一個月你還能記得確切數字嗎？可能不會吧！然而，如果你聽到的是：這個數字相當於一年中每一天都有三架滿載的波音７４７客機失事墜地、無人生還的死亡人數。想必你會記住好一陣子了！❶

「一張圖勝過千言萬語」，說得一點都沒錯，而且有其道理。除了在情緒和生理方面，圖像對腦部功能的影響也相當大。

大腦的語言處理能力，比起視覺處理能力還要稚嫩許多，也不如視覺能力那般深植腦中。我們講話時，大腦會先把話語跟概念連結，再將概念翻譯成圖像，此時說出的話才真正算是消化完全。既然如此，為何不直接用大腦自己的語言說話呢？用圖像來說話，你的影響力將因此放大好幾倍，談話內容更能讓人記憶深刻。

❶ 這個畫面不僅強烈，準確性更是令人震驚。光在美國，每年就有五十三萬人死於吸煙引起的疾病，這個數字相當於一千三百二十五次的波音７４７客機墜毀（每天墜毀三架以上）。

遠見型的魅力人士就深諳圖像的力量。小羅斯福（Franklin Delano Roosevelt）與林肯（Abraham Lincoln，）這些以魅力著稱的總統，就職演說裡運用的視覺隱喻，就比其他魅力較弱的總統多出一倍多。

賈伯斯在推出iPod Nano時，想要製造出戲劇效果，好強調它的小體積與輕巧。於是，他從牛仔褲最小的口袋裡拿出Nano，毫無疑問的證明了它的短小輕薄。接著，他比較起Nano跟八個25分硬幣的重量，秀出兩者並列對照的投影片。

在克萊斯勒汽車大規模轉型的期間，艾柯卡（Lee Iacocca）必須關閉一大票工廠，數千名工人將失去生計。為了安撫可能隨之而來的員工反彈情緒，他以戰爭作譬喻，將自己比喻成軍醫，並形容這份工作是「全天下最艱難的任務」。戰爭期間，傷者處處可見，醫生必須判斷哪些病人需要優先照料，也就是所謂「病人鑑別分類（triage）」：幫助存活率高的病患，忽略其他傷者。

艾柯卡用這樣的隱喻讓大家覺得：雖然關閉工廠會使每個人都很痛苦，但這是為了考量整體的最佳利益。此外，大家也把艾科卡視為一同在戰地拚鬥的袍澤，是戰役中試圖拯救公司的救星。

當你精心設計圖像和譬喻時，盡量豐富各種知覺：盡可能涵蓋五種感官知覺，愈鮮活愈好。無論是何種場合你幾乎都能套用這一點，就連最枯燥的主題也不例外。

之前提及的會計事務所裡頭，有位明日之星請我協助他傳達某個複雜新法規的重要，要讓每個人都明白，唯有依賴這項法規才能讓客戶乖乖就範。後來我們想出了辦法：「如果你不引導客戶照著你說的去做，就像你明知道河流前面有個瀑布，卻任由他們傻傻涉水過河而不出面制止，眼睜睜看著他們被沖下瀑布撞擊底下的岩石，摔得支離破碎，四濺的鮮血把河水染成一片猩紅。」很殘忍嗎？沒錯。有效嗎？你說對了。

當然，你得非常謹慎選擇適合目的的比喻。在這個例子，我們想要震撼人，嚇唬大家去記住重要的事項。因此，即使提出這麼反胃的比喻，我倒是覺得合宜。總之，你應視情況慎選情緒強度適當的比喻。

別想白色大象！

大腦善用圖像思考的天性有時也會帶來一些麻煩。一旦腦海出現某個影像，就很難抹滅了。還記得「白色大象」的練習嗎？當有人求你「不要」想白色大象，你的大腦早晚（通常是早）會全神貫注去想你希望避免的東西。

一位年輕的執行長告訴我：「當我跟團隊提到公司出現虧損時，常隨口加上一句：『任何事都無法擊倒我們。』結果一位員工告訴我，每當我這麼說，他總會想到公司遭擊沉的畫面。從那以後，我再也不那麼說了。」

會讓人往壞處想的，不只是隱喻而已；某些我們常用的辭彙也有同樣的效果。譬如當你告訴某人「沒有問題」、「不要擔心」、或是「不要猶豫打電話給我」時，他們可能只記住「有問題」、「要擔心」、或是「要猶豫」的字眼，而不是你想要支持他們的心意。為了消除這類負面影響，不妨改成這麼說：「我們會處理的」、或是「隨時想打電話給我都行」。

賦予高度價值，贏得他人的注意力

注意力就和時間、金錢一樣寶貴。任何時候只要你請別人聽你講話，或是看你寫的東西，等於在請對方耗費他們的時間以及注意力，也等於是請他們分出一些資源給你。

那麼你能給他們什麼回報呢？每當人們應要求分出珍貴資源給他人時，心中肯定會盤算（至少在下意識）這樣的投資報酬率有多大。此時，不妨提供對方一些價值，如：

- 娛樂：讓你的電子郵件或會議充滿樂趣。
- 資訊：提供他們派得上用場的有趣或豐富內容。
- 美好的感覺：試著讓他們覺得自己很重要、或是對自己感覺良好。

你說的愈久，付出的代價也愈大，相對賦予他們的價值也愈高。專業演說家在排練新的演說時，通常會錄下第一次的練習並轉抄成文字，接著逐一唸過每句話，使演說內容更加緊湊。

說實在，不費力的為他人提供好處，是本節要強調的精神。整體而言，當你在講話或寫字時，請少用文字，多用圖像，試著讓傳達的內容更有用、有趣，甚至富含娛樂效果。

調整你說話的音調變化

多元變化的語調是聲音能否傳達親切感與影響力的基礎。一九九五年，康乃爾大學教授史帝芬．塞希（Stephen Ceci）分別在秋季班和春季班開設了發展心理學課程，各招三百名學生。趁著兩學期之間放的寒假，塞希試著改善自己的講課風格。他接受演說訓練，增強語調的波動變化，並在說話時加上更多手勢，渾身充滿熱忱。

春季班開課時，塞希授課的內容跟秋季班完全一樣。他和同事甚至比對兩套講座的錄音，證實沒有改變任何一個字或一句話。唯一的差別在於他語調的變化、以及增添的手勢。至於評量標準、指定的教科書、指導時間、測驗、甚至連兩班學生的基本背景資料都維持不變。

然而，學生在評定春季班及教師個人時，各方面分數都比秋季班高出許多。連教科書的滿意度也比秋季班高出近兩成。春季班的學生還認為收穫遠比秋季班學生要高出許多，不過他們的實際考試成績其實跟秋季班學生差不多。塞希也被春季班學生評比為更博學多聞、更樂於接納別人的意見、也更有條理——即便他親口跟我說，身上這些特質都沒變，與上學期如出一轍。

許多研究一致指出，觀眾在評比演說好壞時，受到演說風格的影響，遠遠大於演說內容。聲音是傳達親和力與影響力的關鍵，但有魅力的聲調不單單只有一種。你可以依照要傳達的內容、以及談話的對象，選用不同的聲音組合。

麻省理工學院媒體實驗室證實他們可以在聽不見一個字的狀況下，精確預測銷售員電話推銷的成功率，憑藉的只有下列兩項標準：

- 說與聽的比例
- 語調的起伏變化

稍早在本章裡，我們已經探討說與聽之間該如何取得平衡。至於第二項標準的關鍵在於：聲音的波動幅度足以影響你的說服力以及你的魅力。增加語音的變化意味著你的聲音得在各方面做出改變：音調（高或低）、音量（大聲或小聲）、音色（共鳴或空洞）、速度（快或慢），或是節奏（流暢或斷斷續續）。

練習時間

語調的起伏變化

練習講話時，建議錄下你說的字句，好清楚自己的聲調變化。盡可能用各種情緒，譬如權威、憤怒、悲傷、具同理心的關懷與愛心、親切感，以及熱情等語氣，詮釋同樣的句子。

具影響力的聲音

如果你的目的是傳達影響力，那麼你的音調、音色、音量以及速度必須調整成以下模式：

- 音調與音色：聲音壓得愈低沉渾厚、共鳴愈大，影響力也愈大。
- 音量：演員登上舞台的第一件事情就是開口試音，調整音量，好讓某些區域的觀眾能夠聽見他的聲音，甚至坐離舞台很遠的人也聽得見。一個經典的發聲技巧是想像自己的聲音是一支支的箭矢，講話時，射向各個區域的聽眾。
- 速度：以緩慢且規律的速度說話，不時加入停頓點，有助於表達內心的自信。

練習時間

具影響力的聲音

以下建議能幫助你傳達出影響力十足的聲音：

一、慢慢說。想像法庭上強烈對比的場面：某個緊張、聲音高亢、講話如連珠炮的青少年，面對著以緩慢、同理心語調宣告判決的法官。

二、停頓。自信的人講話時經常停頓。每說完一個句子——甚至在句子中間，他們便暫停個一、兩秒。這顯示出他們對自身影響力的信心，相信對方不會打斷他們的話。

三、語調下降。問句結尾時語調不是都會上揚嗎？現在請你開口唸出這一句話，並在句尾上揚語調，聽聽自己的聲音。接著想像法官說出判決：「本案終止審理。」感覺一下這句話結束時的下降語調。在每句話結尾時將語調往下降，有助於傳達出你的影響力。若你想讓聲音聽來自信滿滿，甚至可以在中途就下降語調。

四、注意呼吸。確保你的呼吸深達腹部，並且用鼻子呼吸，而不是用嘴巴，否則會讓人覺得你上氣不接下氣，而且很焦慮。

具親和力的聲音

若你想在聲音裡傳達出更多的親和力，只需做一件事：微笑。微笑影響我們說話的方式，而且程度非常大。一項研究指出，受試者單憑聲音就能辨識出十六種不同的笑容。所以即使是在講電話，你也應該保持微笑。

若碰到真的笑不出來的時候該怎麼辦？放心，你並不需真的嘴角上揚，只要想像微笑這個動作，就足以讓你的聲音更加溫暖。在此提供一項有效的視覺技巧，幫助你同時傳達出影響力與親和力。假想自己是位牧師，正在主持禮拜。想像自己以渾厚、洪亮的嗓音，展現牧師對於會眾的關懷（親和力），以及一股自詡為上帝代言人的氣勢（影響力、權威、自信）。

如今，你已學會幫助自己在說話與聆聽時傳達出臨在感、親和力與影響力的技巧。接下來，讓我們來看看肢體語言能怎麼做。

隨身魅力要點

- 談話和傾聽時，想展現十足魅力，影響力、臨在感與親和力缺一不可。
- 絕佳的聆聽技巧是傳達臨在感的關鍵。
- 千萬不要打斷別人的話，並且在回答前先習慣性的停頓一、兩秒。
- 人們會把你這個人和你給他們的感覺聯想在一起。避免造成對方負面聯想：別讓他們覺得不舒服或認為自己錯了。
- 要讓人們感覺良好，特別是對他們自己。不要試圖打動他們，讓他們打動你，這麼做的話，他們一定會愛死你。
- 圖像化：善用圖片、隱喻、感官豐富的語彙傳達出引人入勝、富含魅力的訊息。
- 盡可能少用文字，盡量提供更多的價值給別人：娛樂、資訊，或是美好的感覺。
- 想傳達富含影響力的聲音，請以緩慢且規律的速度說話，並在句子之間穿插停頓，同時在句尾處下降語調。
- 想傳達親和力十足的聲音，你只需做一件事：微笑，甚至用想像的也行。

第九章

讀你讀我——舉手投足的言語藝術

假期的最後一天，我打算好好享受每一分每一秒。我漫步在市中心的一個小公園，享受著陽光。突然，某個身影引起了我的注意。

白色的演奏台上站著一位矮小的中年男子，他正熱情的發表演說。很快的，人潮開始聚集，不知為什麼，我發現自己也被他吸引了過去。他說話的方式——大方流暢的手勢以及講話的速度，都蘊含某種令人神魂顛倒的魔力。

四十多分鐘過去了，他身邊聚攏的聽眾愈來愈多，我們每個人都聽得如癡如醉。直到今天，我還是不知道那個男人到底說了些什麼。你知道嗎？這一幕發生在墨西哥的一個小鎮上，而我根本就聽不懂西班牙語呀！

研究魅力的專家勞諾・瑞吉歐（Ronald Riggio）居然在聽不懂一個字的狀況下，出神的聽了將近一小時的演說。顯然，演講者說「什麼」，跟他震懾群眾的魅力無關；反倒他是「怎麼」說的，那才是重點。

文字會率先進入我們大腦的認知區域（邏輯層面），以解析各字的含義。相反的，肢體語言影響的則是我們內心深處的情緒區塊。若你想要打動他人追隨你、在乎你或服從你，就得從情緒區域著手。商界大老艾倫・魏斯（Alan Weiss）最常說的一句話就是：「邏輯讓人思考；情緒讓人行動。」你比較想要哪一個呢？如果你只對著邏輯腦講話，那麼你就比別人少了一半的競爭優勢。

打動人心、激發雄心，令人感到自己獨一無二的魅力，繞過了我們的邏輯思維，直接對著我們的情緒腦講話。誠如有時心中升起的敬畏感，它雖然超出我們的理解範圍，卻總能打動我們的情感層面，魅力也是同樣道理。

非語言的溝通方式深植於我們腦海，比日後才發展的語言處理能力還要深層，影響我們的程度也更為強烈。當我們的語言和非語言訊息一致時（即它們「贊同」彼此），非語言訊息就能強化語言訊息。一旦兩者出現衝突，我們傾向於相信非語言，而不是語言。因此，假如你的肢體語言缺乏魅力，說得再好也沒有用；但若是肢體語言對了，就算說出的話不完美，你也能成功展現魅力。

在某些情況，傳達訊息的方式遠比訊息本身產生更大的效用。《哈佛商業評論》（*Harvard*

Business Review）的研究證實，員工在收到以正面肢體語言傳達的負面表現評價時，比起收到以負面肢體語言傳達的正面表現評價時，接受度竟然更大。

我們習慣對於說話「方式」、而非說話「內容」做出反應的天性，在關鍵場合尤其明顯——譬如努力簽下新客戶、給新老闆留下深刻印象，或是結交新朋友的時刻。

在這些關鍵場合，我們對肢體語言的反應會比語言來得更強烈，因為大腦「打或逃」的機制開始啟動，大腦改由較原始的區域接管——這時大腦無法直接理解文字或想法，只能接受肢體語言的直接影響。

情緒感染力

身居要職的你，更要重視肢體語言，因為它可能產生所謂的情緒感染（emotional contagion）。行為學家將此過程定義為：「某人『感染』到另一人表現出來的情緒。」魅力人士通常被視為較高的「感染源」，他們具有強大的力量能將自己的情緒傳遞給其他人。身為一名領導者，你的一舉一動傳達出的情緒，即使是短暫或不經意的動作，都足以產生漣漪效應，擴散到你的工作團隊、甚至整個公司。

漣漪效應之所以產生，是因為大腦的鏡像神經元（mirror neuron）發揮作用。每當我們從別人的行為或面部表情察覺到情緒時，鏡像神經元會在腦海裡複製或反映出相同的情緒。正因為此機制，人類才可能產生同理心。

我常應高層主管要求，協助管理他們的情緒感染力。這些人個性鮮明，也具有超凡的魅力，只是需要在情緒感染的過程裡學習拿捏分寸。這時，我會跟他們一起分析他們想要造成什麼樣的影響、以及影響的對象是誰，接著再教他們掌控感染力的技巧。

不妨想像一下，你在情緒非常焦慮的情況下與人談話。當對方解讀你的肢體語言後，他們的鏡像神經元便開始作用，複製你的情緒狀態。他們接著又去見了別人，整個複製流程再度上演，於是你的情緒狀態因此擴散出去。此時，情緒感染便「不斷在下一個人身上觸發情緒，形成連鎖反應。」

在組織裡，領導人的情緒擴散得最快，因為人們受到上位權威者的影響特別強烈（這也要拜我們的生存本能所賜）。透過情緒的感染，你個人的情緒可能強烈影響到你追隨者的表現。

正向的情緒感染是件很棒的事。某些實驗證實，領導人的正向情緒感染不僅能夠提高追隨者的情緒、表現和成效，還能改善追隨者對於領導者成效的觀感。

當然，情緒感染也可能會產生負面效果。為了有效掌控擴散的結果，你必須提升對自己內在心態的覺察能力，以及管理情緒的技巧——這些都能在第十二章學到。

情緒感染的程度是用來衡量魅力多寡的理想工具。在研究社會智能（Social Intelligence）

時，作者丹尼爾・高曼（Daniel Goleman）分析了西南航空公司（Southwest Airline）共同創辦人凱勒賀（Herb Kelleher）的錄影帶，裡頭記錄了凱勒賀在該公司樞紐機場走廊裡散步的身影。高曼表示：「他經過每個人身邊跟他們互動時，我們彷彿看見他啟動了對方腦中的振盪器（oscillator）。」

刻意的模仿

你有沒有發現，結婚多年的夫妻到後來容貌愈來愈像？它實際上充分證明了一件事：我們和別人相處時，習慣調整成對方的肢體語言。這當中自然包括了我們的臉部表情，由於兩人都重複使用相同的臉部肌肉，於是兩人的臉型也愈來愈相似。

嚴格說來，這種模仿別人肢體語言的天性稱為邊緣共振（limbic resonance），且深植在我們大腦裡。邊緣共振之所以產生，靠的是一組名為「振盪器」的特定神經元。它們負責協調肢體動作，指示何時要動、該怎麼動。丹尼爾・高曼在《哈佛商業評論》更進一步描述，兩位傑出的大提琴手聯合演奏時，不僅彈奏的姿勢一模一樣，就連彼此右腦的協調性，拜大腦振盪器所賜，都比他們自己左右腦的協調性還要一致！

模仿別人肢體語言是建立信任與良好關係的簡單方法，因此許多魅力人士會刻意運用這種鏡像或模仿技巧，來提升自身的魅力。

當你刻意模仿另一人的肢體語言，等於啟動了信任與愛慕的深層本能，敞開對方的心胸。一位前政治記者跟我聊到，鏡像技巧對於採訪有莫大助益，「人們變得樂於分享」。他們會不由自主的分享更多。

全球各地都有研究證實，模仿別人肢體語言能夠讓他們替你撿起掉落的東西、購買你的產品，或給你更大的折扣。模仿甚至能讓你在別人眼中更具吸引力。

下次和人談話時，不妨試著模仿對方的姿態：他們的手是怎麼撐著頭、腳是怎麼擺、身體重心又是怎麼變換。如果他們移動了左手，你就移動你的右手。同樣的，試圖隨著他們說話的速度、音高和語調，調整你的聲音。人們講話時焦點大多放在自己身上，除非你做得太明顯，否則他們通常不會發現到你在模仿。不過，還是要注意一些小地方：

- 選擇性模仿：只做你認為自然的動作。畢竟某些手勢男女有別。
- 調整強弱：如果對方做了一個誇張手勢，你可以做小一點。
- 延遲一會兒再做：對方做完動作後，過幾秒鐘再模仿。

這些年來，我有幸指導到一些非凡的傑出人士，他們奉獻生命，戮力改善大眾的生活。當中我最喜歡年輕的戴瑞斯，他與人聯手創辦了非營利組織「新學者」（New Scholars），並致力打造一個「企業家和平工作團」。

某日清晨，人在肯亞首都奈洛比的戴瑞斯，正要去會見非洲最大企業網的主導者。對他來說，這是一個關鍵時刻，一個鞏固他組織與產業龍頭夥伴關係的良機。戴瑞斯決定善用這個大好機會來測試鏡像技巧：

我們到達時，該組織出面迎接的是位高層主管，名叫喬治。他帶我們到會議室坐下喝茶閒聊。聊天當中，我密切注意喬治的言行舉止。他坐得離桌子比較遠，雙腿交叉，身體前傾。慢慢的，我也移動身子坐成跟他差不多的姿勢。這產生了明顯的效果：喬治興致開始變得愈來愈高昂，說話速度變快，非常投入這段談話。於是，我也隨著他興奮了起來，加快說話的速率。這樣的感覺既自然又輕鬆。

過沒多久，該組織的負責人納森也來了。他走進來的那一刻，我馬上感覺到房間裡的能量發生變化。多了緊張氣氛，不再那麼輕鬆。納森坐得離桌子更遠，整個身子往後貼在椅背上，他的腿也交疊起來，但跟喬治的方式不同。於是，我也漸漸調整成跟他一樣的姿勢，慢慢遠離桌子，身子再多往後靠一些，並且重新交叉雙腿。

我注意到納森講話慢條斯理，十分從容，於是我也照著這樣做。當他偶爾揮動雙手強調某個重點時，我也用相同的手勢回應。突然間，他側過身子，把一隻手靠在桌子上。

等輪到我發言時，我也一點一點的接近桌子，到了夠近的時候，我同樣把手放到桌子上，並側過身子。雖然我知道自己在模仿他的動作，但仍舊感到很自然，而且納森顯然完全沒察覺到我在幹什麼。當我這麼做的同時，可以感覺到整個氣氛變得更自在、輕鬆。

最後當話題切入重點時，我問納森他是怎麼看待彼此的合作關係。此時，他坐起身，轉身面對桌子回答我的問題。他每說出一項看法，便堅定的敲一下桌子。我聽了整個心都沉了，因為他說的跟我們預期的結果完全不一樣。不過，我讓他講完，沒有打斷他的話。換我講話時，我也坐直了身子，面向桌子，並說：「我們的看法是這樣的……」同樣的，每講一個重點，我也跟他一樣堅定的敲一下桌子。

接下來發生的事完全出乎我的意料：只見納森挺直身子，環顧四周，表示他同意我們的每一項要求，就連一些我們原本不抱任何希望的請求也都獲得了認可！我簡直不敢相信，就連現在，我還是無法置信。我不知道這是不是完全因為鏡像技巧的關係，但可以告訴你，我從來沒有碰過任何一個會議以這種方式開始，卻以這種方式結束的。我們得到了所有想要的一切，沒有絲毫的讓步。這真是我們最重要的一場交易，我們永遠不會忘記這一天。

戴瑞斯的故事說明了，模仿他人的肢體語言往往能夠建立起良好的關係，有時也能讓對方轉而支持你的觀點。同時，「鏡像」也是少數幾個能夠扭轉負面第一印象的技巧之一，而且出奇的有效。我本身就在教授這些知識，但說老實話，即使我很清楚別人在我身上使用這些技巧，它們依然能夠見效！

然而，若對方的肢體語言是負面的呢？你還要模仿他們嗎？這要看情況。有時候，你得先模仿對方，再慢慢把他們的動作引導到比較正面的方向。

打個比方，某位同事愁眉苦臉的跑來找你，怯生生的輕敲你原本敞開的門，希望借個時間。她走進來時腳步還有些猶豫。你請她告訴你發生什麼事，她只是一味的焦慮且退縮，不知該如何啟齒。

這時，就得靠鏡像的技巧來跟對方建立親密關係。你可以仔細觀察她的一舉一動：她是怎麼坐的、她的手是怎麼撐住頭、她的肩膀是什麼樣子。然後，你再慢慢移動成和她一樣的姿勢。接著，尋找她的節奏。她是否頻頻點頭？輕敲膝蓋？玩弄衣服的鈕扣？你也可以換個類似但不必完全一樣的動作。當然，你的聲音必須調整成和她類似的抑揚頓挫、速度和音量。

一旦你開始模仿，就得在這個狀態下全心全意傾聽對方：邊聽，一邊將你的肢體語言調成和她一致。唯有輪到你說話時，才能用你自己的聲音、表情和眼神開始注入溫暖、關懷與同情，並將姿勢逐漸轉變成比較放鬆、平靜，以及到最後呈現自信的模樣。這麼一來，她很有可能會照著做。

當你談話的對象感到緊張、焦慮、難為情、拘謹或退縮時，採用先模仿後領導（mirror-then-lead）是最明智的策略，因為它能夠建立起自在與融洽的氣氛，讓對方安定情緒。這時硬要試圖改變對方的肢體語言，反而不是個好主意。

但在某些情況下，你恐怕也不想要模仿別人的肢體語言。若對方展現出憤怒或高度防衛心的舉動，模仿只會讓情勢更加緊張。如果眼前的經理剛否決了你提出的要求，並以防衛姿態坐著：整個背靠在椅子上，雙手雙腿都交叉著，雙手緊握成拳頭。此時，與其模仿他的動作，不如拿一樣東西給他：一張紙、一支筆都好，試著打破他的姿勢。等他換了新姿勢，立刻提出新的訊息，或改變話題分散他的注意力，接著你再開始模仿他的姿勢，重新建立良好關係。

請記住，我們的生理會影響我們的心理，兩者關係如此密切，因此當別人表現出憤怒、頑固或是強烈防禦心時，我們更應該先從改變他們的肢體語言著手。只要對方的生理還處在某個特定情緒裡，我們幾乎不可能讓他們的心靈感受到其他的事物。

調整個人空間

行為學家可以十分精準預測出一個人走進公共廁所，會選用哪個便斗。因為人們往往遵循某種特定的模式：視哪些被占用了，來決定自己使用哪一個。我們堅守個人空間的信念是如此強烈，甚至研究發現，人們就連玩線上遊戲，依舊會恪守現實生活中的個人空間規範。

個人空間的概念源自於二十世紀中葉在動物園進行的動物行為研究。就像動物劃分並捍衛自己的領土，我們人類也覺得擁有自己周圍空間的「所有權」。就算這個領土只有幾英寸，我們也視作身體的延伸，一旦遭人入侵，我們便會反應激烈，並採取行動捍衛它。

要有魅力，就意味著別人在我們身邊能感到舒服自在，而且自我感受良好。在非語言溝通裡，讓人們感到安心且建立良好關係的最重要元素，是尊重別人應有的個人空間。反之，若是不尊重別人習慣的個人空間，則會引起對方極度不適，他們便會將這種負面感受和你聯想在一起；你得謹慎留意才行。

與人聊天時，你發現對方上半身開始往後傾，頭也向後仰，甚至直接往後踏離你一步。這可能就是個訊號，表示她需要更多的個人空間。此時，最糟糕的反應莫過於靠她更近。這不但會加劇她的不適，而且極有可能把這些感受都跟你產生聯想。你應當做的，是往後傾或退後幾英寸，給她多一點空間。

個人空間的大小會隨著不同的文化、人口密度以及場合而異。每個人的舒適區有時也不盡相同。譬如在擁擠的電梯、公車或地鐵裡，我們能夠容忍個人空間縮小。

我是某次站在擁擠的地鐵車廂裡，試圖壓抑自己本能時，才發現到我的個人空間意識原來如此根深柢固。當車廂門一打開，一群人擠出去後，騰出了一丁點空間，我有股衝動想逃離貼在身旁的乘客。但我什麼也沒做，只是留在原地不動，保持原本姿勢，任由人群把我們推在一塊，近到不能再近。在此之前，我一直很好奇，以我對人類天性的了解，是否能免於受到它們的支配。很顯然，這是兩碼子事。令我覺得好笑的是，我意識到自己的身體已經不舒服到了難以忍受的地步！而且，儘管我費盡心力想待在原地，卻發現我的身體早已先一步反應：我的腳雖然沒有移動，但身體的其餘部位卻已歪歪斜斜，勉為其難的維持住一點平衡與重心。

個人空間不但會影響我們和其他人的互動，也會影響我們對於情勢的觀感。

為什麼談判代表必須慎選自己在談判桌的位置？因為座位影響了整個談判結果。當人們分坐桌子兩邊面對面時，傾向使用簡短的句子、比較容易起爭執，也不大能記得談過的事情。

選擇對魅力有利的座位

練習時間

下次若想和別人建立融洽的關係，請不要坐在他對面，選擇他旁邊或與他呈九十度角的位置——這些方位讓人們感到最自在。不妨找個人跟你試試下面的練習。

- 跟對方併肩坐在一起聊天。
- 五分鐘後，換到他對面去坐。此時，你大概會發現舒適感有了顯著的變化。
- 再過五分鐘，換到九十度角的位置，感覺一下有何差異。
- 最後，回到你原來的座位坐到對方旁邊。

整個練習裡，用心感受信任感與舒適感的增減變化。

如果你希望別人感到自在，讓他們避免背對著開放空間，尤其有人會在他們身後走動更是大忌。這類座位讓人呼吸與心跳加速、血壓急速升高，如果座位背對的是一扇打開的門或是對面的窗戶，情況會更加嚴重。他們會因此將不舒服跟你聯想在一起，影響對你的觀感。

眼神，你的靈魂之窗

你是否曾經和某人談話時，對方的目光一直朝你肩膀後方瞄，彷彿在等待某個比你更重要、更有趣的人出現？這種飄忽不定的眼神毫無魅力可言。

良好的目光接觸非常重要。誠摯的目光能夠造成極大的影響，它能夠傳達同理心，也能留給他人體貼、智慧與聰明的印象。少了它你就無法散發魅力。事實上，魅力大師之所以能讓對方覺得自己是全場最重要的人，其中一個主要技巧就是善用眼神的接觸。

人類學家費雪（Helen Fisher）表示，當你猛盯著一個人看時，會讓對方的心跳加快，並釋放出一種名為苯乙基胺（phenylethylamine）的荷爾蒙到血液裡。人們之所以會一見鍾情，就是這個荷爾蒙在作用。

一項研究裡，讓互不相識的受試者面對面坐著，並要求他們計算對方眨眼的次數。其實這只是一個障眼法，主要是為了讓人們在凝望彼此時，不至於感到平常會有的尷尬。不過短短幾分鐘，大家都反映對彼此心生好感，有的甚至還產生濃烈的情愫。顯然，只要別做得太過頭，目光接觸非常有效果。

我們的眼睛是非語言溝通的一大關鍵，也可以說是最重要的一部分。被譽為「靈魂之窗」的眼睛，是全臉最靈活的部位，理所當然也是最能展現情感的地方。

想像和戴著墨鏡的人交談，是否覺得很難讀出對方的心思？難怪撲克玩家打牌時會戴上墨鏡。航運鉅子歐納西斯（Aristotle Onassis）在嚴峻的談判會議裡戴著墨鏡，也是為了不讓對手看出他在想什麼。

眼神接觸對我們的意義極其重大，一旦原本與我們有大量眼神交會的人轉移了目光，大腦便會不由自主感受到分離焦慮（separation distress）。要避免引發這種焦慮，有個不錯的方法：每次跟人講完話，把目光放在對方身上整整三秒鐘。三秒聽來很短暫，但你其實會覺得度秒如年！不過若是能養成這項習慣，你會發現努力的確值得：短短幾秒鐘的投資，就能讓他人感覺到你真的在乎他們。

眼神接觸最常碰到的兩個問題是：因為害羞而不敢注視對方眼睛，以及因為分心而欠缺目光接觸。遺憾的是，這兩樣都可能毀掉你的魅力。

全心探索知覺的技巧能同時解決這兩個問題。當你望著別人的眼睛，專心感受此時此刻你身體的知覺。如果眼神交會讓你害羞，這項技巧能減弱不適感受；如果你是因為分心而目光飄移，這項技巧能把你的思緒拉回到當下。此外，你也可以觀察對方眼睛的顏色，仔細研究他們瞳孔周遭深淺不一的色差。

假設你參加某個宴會卻碰到老闆夫人抓住你的手臂，在耳邊淨說一些無聊透頂的事情，你可能忍不住會分心，任由眼神飄忽。但你也知道這麼做太明顯，而且會減損你的魅力。此時，臨在的技巧就能派上用場，幫助你專注當下。

這些知識以及工具都能幫助你做出適量的目光接觸。然而，光是這麼做還不足以散發魅力。還需要選用合適的眼神交會「類型」。我們眼睛四周呈現出的緊繃程度或模樣，能夠決定別人對我們的觀感。

專研專注力領域的神經學家萊斯·斐米（Les Fehmi）發現，關鍵在於我們專注的方式。我們若是處於狹窄、集中心力、做評估的專注狀態裡，就好似用警察的眼睛看世界，壓力系統會持續處於低警戒狀態。不但使我們的眼神變得犀利專注，也會提高我們的壓力反應，導致臉部及眼睛變得僵硬，抑制我們的親和力。

要讓眼神有魅力，我們必須切換到較柔和的狀態，才能讓眼睛和臉部放鬆，壓力系統緩和。在此提供三個簡單步驟：首先，閉上眼睛。專注在你周圍的空間，譬如房間裡的空曠地方。現在，把焦點移到宇宙的浩瀚空間。好了，你已經切換到「柔性焦點」了。

練習時間

魅力十足的眼神

想真正感受到柔和與開放眼神對自己臉部表情的影響，不妨仔細觀察它的轉變。

- 找一間有鏡子的房間，確保接下來幾分鐘不會被打擾。
- 閉上眼睛，想一個最近讓你煩心的事——近來一直困擾你的小問題，或是像報稅之類討人厭的事。
- 當你感覺到火氣上來時，睜開眼睛，仔細看鏡子裡的自己。注意你眼睛周圍的緊繃以及縮小的模樣。
- 現在閉上眼睛，想一個最近讓你窩心的事——某次愉快的經歷，譬如跟好友共度的快樂時光。
- 一旦窩心感出現，立刻睜開眼睛，看清楚你放鬆的模樣。這就是親切感看起來的樣子。
- 再次閉上眼睛，回想某個興奮時刻、某個你自信滿滿、贏得成就的時刻，譬如贏得勝利、獲頒獎項等榮耀事件。
- 當你感受到信心滿溢，再次睜開眼睛，看清楚此時你臉上充滿自信的神情——這就是信心的模樣。

某個客戶在做這項練習的時候，見識到「小小的努力，卻能產生極大的眼神變化……這真是名副其實的『一毫米』改變，影響無限大！」

一旦了解眼神接觸的重要，你就懂得展現對的眼神。很少有事情像不恰當的目光接觸，對魅力的損害這麼大；也鮮少有事情比改善目光接觸更能夠提升魅力指數。下次和別人談話時，記得隨時檢查自己的眼周是否已變得僵硬。若察覺到一丁點的緊繃感，試著放鬆。你可以迅速想像一段最喜歡的視覺畫面（就算只是一個窩心的影像也行），或者試著轉移到柔性焦點。

唯有眼神對了，才有可能散發出親和力。現在，讓我們來看看影響力的關鍵要素：姿勢。

正確姿態的寧靜力量

我們無法窺探人們內心，只能從外顯的線索來猜測人們的個性。當別人舉手投足間展現出高度自信，我們便認為對方應該有值得自豪的本錢。換句話說，人們直接接受你投射出來的模樣。只要你加大肢體語言的自信，就足以讓魅力指數倍數攀升。

在表現親和力、熱情和興奮情緒時，若能加入影響力與自信的元素，會讓你看起來不那麼心急或卑躬屈膝。由於肢體語言的影響力深植於人們腦海，因此光是自信（或沒有自信）的肢體語言就足以掩蓋其他的影響力特質。換言之，無論從外表、頭銜、甚至他人對我們畢恭畢敬的行為，顯示自己擁有多麼大的權力或地位，某個局促不安的舉動就足以當場扼殺我們的魅力。反過來，就算在我們身上看不到其他影響力的象徵，光是自信的肢體語言就足以展現四射的魅力。

在接下來的段落，你將學習如何利用身體姿勢傳達出影響力，並與親和力取得適當的平衡。

當個大猩猩！

這是個風和日麗的春日，位於加州的史丹佛大學校園裡到處都是學生。賞心悅目的西班牙式建築、棕櫚樹、遍地的野花——整個大學就像是豪華鄉村俱樂部與西班牙莊園的綜合體。此時，只見艾拉手裡抱著滿滿一大疊的書，緊張的穿梭在校園。嚴重弱視、戴著厚重眼鏡的她是歷史系的學生，正要去上她的第一堂「跆拳道入門」課。

當艾拉走進更衣室，心裡忐忑不安，不知道等下的課會是怎樣。她換上短褲和T恤後，突然覺得自己好脆弱。她喃喃自語：會不會一進去就叫我們做伏地挺身？還是叫我們打沙袋？哦，希望不要一下子就叫大家在全班面前打拳。我這輩子還沒有打過拳呢！

好在第一堂課既不打拳也不做伏地挺身，讓她鬆了口氣。教練反倒出了一個更讓人訝異的功課：「現在回到外面，到校園最熱鬧擁擠的地方去。接下來一小時內，當你走在人群裡，試著要別人讓路給你過。」唯一的規則是，艾拉他們不准讓路給別人。就算可能輕微碰撞到，也不能退讓。

於是，艾拉鼓起勇氣穿過熙攘的人潮，滿腦子想的只有一件事：無論如何也要別人讓路給她。換做是你，你會怎麼做呢？想像一下這是你的工作，你要怎麼讓別人閃開呢？

當我們想到拳擊比賽中，哪些是決定選手輸贏的關鍵時，多半會想到力量、速度和敏捷性——這些全都正確。然而，許多職業拳擊手會告訴你，其實勝負往往在揮出第一拳前、甚至在踏上擂台之前就決定了。事實上，拳擊手散發的氣勢、威嚴以及令人生畏的程度，就足以決定該場搏鬥的成敗。

雖然你可能沒有留意到，但每當你走在路上，你的潛意識隨時都在掃描周遭環境、蒐集訊息，好讓你能順利前進。你的眼睛會掃描並評估潛在的障礙，包括迎面走來的人。為了決定需不需要更改原有的路線來避開他們，你會不自覺的觀察他們的肢體語言。

假如他們散發出的肢體語言在警告你：「親愛的，你最好閃邊點。」那麼你很有可能會接收到這個訊息，讓路給他們。相反的，若是你覺得自己是一隻體型比對方更大的猩猩，那麼你就會繼續走自己的路，期望他們讓開。

現在閉上你的雙眼，想像一隻身型龐大的大猩猩，剛發現另一隻猩猩侵犯了牠的領域，頓時勃然大怒。牠在叢林裡四處奔跑，爬上樹頂，想讓對手看到牠，同時也要宣示主權，希望嚇阻對手逼牠離開。牠接下來會怎麼做呢？牠很有可能鼓起胸膛，用拳頭搥胸讓自己看起來更魁梧。同時，搥胸的動作也會讓牠更威猛、更可怕。這就是大猩猩在叢林裡發怒時，想要呈現的模樣：龐大、威猛、可怕。對人類而言，我們判斷一個人有無信心的方式也是這樣：看對方意圖霸占的空間有多大。

史丹佛商學院組織行為學教授戴博拉・關菲爾德（Deborah Gruenfeld）表示：「有影響力的人會用側坐的方式，把手輕鬆放在椅背上；不然就是占用兩張椅子，把手搭在另一張椅背上。他們還會把自己的腳放到桌子上，或是坐在桌上。」據她說，這些舉動都是為了要宣示領土。

下回在擁擠的人潮，不妨練習要別人讓路給你。你甚至可以在上班途中練習。首先，想像一隻大猩猩在街上橫衝直撞。然後採取相同的肢體語言：想像自己就是一隻在街上橫衝直撞的大猩猩，讓你的身體表達出這樣的感覺——占用愈大的空間愈好。穿過人群時，鼓起你的胸膛勇往直前。你甚至可以邊走邊揮舞手臂，以霸占更多的空間。

你第一次嘗試這種自信肢體語言時，可能會有點害怕。不過，它值得你這麼做。反正不會發生什麼嚴重的事，大不了就是撞到人。若真如此，就把它當做練習切換成仁慈型魅力的機會，趕緊利用視覺想像提升你的親切感：想像剛才撞到的人是你很好的朋友，或是想像他們有一對天使翅膀。

你的任務是學習如何占用空間並將此養成習慣。請記住，你需要空間讓你能順利鼓起胸膛。因此，避免穿太緊的衣服讓自己呼吸不順暢。一旦氧氣不足，你哪裡有辦法給人威嚴的感覺呢？與客戶練習展現魅力肢體語言時，我會先問他們「現在呼吸的情況」。每當你的呼吸很淺，就會啟動壓力反應，此時吸入的氧氣不足，加上身體認為現正處於「打或逃」的狀態，因此很難感到平靜、放鬆或自信。

當個大猩猩

練習時間

在某些會議或是談話場合裡——譬如面試前，或是跟某個讓你有點害怕的人見面，你可能希望感受、同時傳達出自信，此時就非常適合用這項練習來作準備。

請遵照以下七個步驟，傳達出自信的肢體語言：

一、確保呼吸順暢。若有必要，把衣服弄鬆一點。
二、站起來，動動全身。
三、雙腳與肩同寬站好，整個腳穩穩釘在地上。威武穩健的姿態，有助於讓你感受到、進而散發出自信。
四、把你的手向天花板伸直，試著用指尖碰到天花板。
五、現在把你的手往兩邊牆壁伸展，看能不能碰到它們。
六、把手臂放下來，輕鬆垂放在身體兩側，並前後轉動你的肩膀。

七、鼓起胸膛。盡可能霸占多一點的空間。想像自己像人猩猩一樣，全身鼓脹起來，體積比原來大一倍。

正如史丹佛大學關菲爾德教授發現的，身體巨人鼓脹（霸占更多空間）的人，會感受到極大的生理變化。在一項實驗中，促進自信與能量的荷爾蒙上升了百分之十九，焦慮荷爾蒙則下降了百分之二十五。採用堅定且自信的身體姿勢，會讓你更有自信、更具影響力。一旦你覺得自己更富影響力時，身體語言也會跟著調整——這反過來又再次增強你的生理機能，形成一種自動循環。你要做的，不過就是讓這個循環持續下去。只要你不斷的練習，總有一天自信的肢體語言會成為你的第二天性。

莊嚴的姿態

你能夠想像007情報員詹姆士・龐德局促不安的模樣嗎？想像得到他揪著衣服的一角，頭部上下晃動不停，或是肩膀不斷抽搐嗎？你能想像他說話時吞吞吐吐、欲言又止的樣子嗎？當然不可能。龐德可是沉著、冷靜、鎮定的代表，他就是信心的代名詞。

這種高地位、高自信的肢體語言，特色在於小動作很少，而且是愈少愈好。沉著的人看起來相當平靜，有時會被人視為「鎮定」。他們會避免無關的多餘手勢，像是不安的玩弄自己的衣服和頭髮、扭曲臉部表情、不停的點頭，或是在句子開頭加上「嗯」之類的語助詞。

在行為學家看來，這些手勢屬於地位低下的階層。會採用這些手勢的人，往往是為了傳達安心感給談話對象。他們可能出於兩種原因：

- 同理心：確認對方感到自己獲得傾聽與理解，讓他知道你專心聽話。
- 不安全感：想要取悅或安撫對方。

相反的，有權有勢、自信，或地位崇高的人就顯得泰然自若；他們不擔心對方在想什麼，自然不認為有必要傳達安心感。

試想一下皇宮裡頭，某個緊張、焦慮的僕人頻頻點頭與行禮；接著再想像他對面的人物：國王或女王。泰然自若、權大勢大的他們，眼睛連眨都不必眨一下。

若你想培養氣定神閒的風範，有三大問題必須避免。首先是過於頻繁、或是快速的點頭。點一次頭當作強調或表示同意，這是可以接受的，而且不失為良好的溝通方式。然而，一下子連點三、四次頭就不太妙了——有個客戶形容這叫「點頭如搗蒜」。

第二個問題是過多的口頭保證，像「嗯哼」或是「哦，我贊同。」有意識的做，一次還行，每個句子都應個好幾次，那就糟了。

第三個問題則是局促不安或坐立難安（敲打鉛筆、用腳輕扣地板、或重新排列組合桌上的物品）。坐立不安會降低臨在感，影響魅力表現。就算你有十足的親和力、自信、而且全神專注在當下，一旦你的身體顯得煩躁不安，就無法展現出魅力，因為你的一舉一動都在傳達分心的訊號。我就認識一位年輕的企業家，雖然自信十足、富含親和力，跟他講話時他卻一直抖動，局促不安，讓人覺得他古怪又反常。原來他小時候就是坐不住的孩子，從小到大都不太受到他人的重視。

要如何改變這些習慣呢？首要步驟是覺察：你必須知道自己在別人眼裡是什麼模樣。最有效的方式之一，是錄下你在開會或與人閒聊時的影像。當你觀看影片時，先快轉到十分鐘後，因為這時你大概已經忘記攝影機的存在，你的肢體語言也差不多開始現出原形。把聲音關掉，只專注在你跟他人的肢體動作（點頭、手勢等等），看看你們當中誰比較像是另一人的主管。接著把聲音打開再看第二次，算算你跟對方誰的口頭承諾比較多。這麼做可能讓你很不好受，但往往收穫無價：你能從影片了解到別人是怎麼看待你，而如今你也親眼看到了。

有了新自覺以後，你可能會發現自己一整天當中語言與非語言的保證次數太過頻繁，你可能會因此而懊惱；這很正常。許多客戶告訴我，他們剛開始都非常沮喪，因為發現自己點頭點得太多次又太急切。

給自己喘口氣吧！每個人都會經歷這種挫折的階段，而且這些習慣真的有辦法改掉。那位自稱「點頭如搗蒜」的客戶，就自豪的跟我分享：「我現在偶爾還是會點頭，但都是刻意做出來的，只在某些精心挑選的時刻才會點頭。」

一旦發現自己點頭或做出口頭承諾時，試著用鎮靜和沉默取代它們。要讓自己逐漸習慣沉默，不妨在句子結尾、甚至句子中間加入停頓點。如果你想更快改進，可以請朋友或同事幫忙，只要他們發現你做出這些習慣動作，馬上提醒你。有個超級有效的方法是隨身攜帶一疊紙鈔，老毛病一犯，就撕毀一張。總之，為了獲得最大的效益，請朋友、另一半或同事幫忙當糾察隊，好讓你戒除不當的習慣。

然而，請注意，展現過多的權力反而會讓某些人覺得你很傲慢或嚇人。此時，你可以利用本章學到的親和力增強技巧。譬如讓眼神保持柔和；你也可以試著把下巴壓低：想像國王低頭向高貴的特使示意。這麼做有雙重好處：一來避免給人你用鼻孔看人的輕蔑印象（你的頭微微後傾才會給人這種印象），二來隨著你的眼睛放大，你看起來也更體貼細心、從容不迫。

運用的時機

同樣多的非語言保證，在某個場合可能恰到好處而且有效，換成別的場合可能就不恰當了。

譬如，你希望讓某個害羞的同事或下屬感到自在、進而敞開心胸，那麼在話中夾雜大量的非語言保證（點頭）和語言保證（「嗯哼」）則非常明智。

如果對方看來惶惶不安，似乎需要安心的保證，這時就要提升你外顯的親切感。你可以利用第五章的視覺想像技巧、或是第八章裡富含親和力的說話技巧來強化親和力，同時將你的身體語言調整成與他們同步。

反過來說，若你希望被視為是一個自信的同儕、或是受人尊敬的老闆，就必須強化氣定神閒的風采，同時減少安心的保證。你不必同步調整成對方的肢體語言（除非他們的肢體語言散發出你想傳達的堅定信心），保持你自己的節奏，並維持自信從容的姿態。

如今，你已經學會語言和非語言溝通的基本工夫，能夠順利傳達臨在感、影響力、以及親切感這三項魅力特質。你不但學會了如何建立魅力的穩健內在基礎，也學到如何向全世界展現你的魅力。

接下來，你將學習如何將這些工具應用到各種棘手情境裡。在下一章，將告訴你如何在特別艱難的時刻依舊保有魅力的方法。

隨身魅力要點

- 我們說話時是對著別人的邏輯腦在說，但非語言溝通則是對著情緒腦在說。
- 非語言溝通與語言溝通一致時，前者會加強後者的效果。
- 當語言和非語言的訊息不一致時，我們往往傾向相信對方的肢體語言。
- 透過情緒感染，你的情緒會傳染給其他人。領導者行為舉止所展現出的情緒，就算是短暫或不經意，都可能產生漣漪效應，擴散到團隊、甚至整個公司。
- 想傳達親和力，你必須讓人感到自在：尊重他們的個人空間、模仿他們的肢體語言、並保持柔和的眼神。
- 當有人來找你尋求安心的保證，首先模仿他們的肢體動作，接著再引導他們到更冷靜、開放且自信的狀態。
- 某人防衛心高漲時，不妨遞份資料給他，或者讓他傾身拿某個物品，這麼做可以打破他緊閉的身體語言。
- 想傳達影響力，請占用更多的空間（學大猩猩），並保持鎮定（姿態莊嚴）。
- 減少語言和非語言的保證，如：點頭如搗蒜、或「嗯哼嗯哼」說個不停。

第十章
情況不利，如何發揮魅力？

我的客戶反映，就大多數情況而言，他們學到的魅力增強技巧（前面幾章介紹的技巧），應用在日常生活與工作的互動上都非常有效。然而，你大概也想像得到，某些棘手的情況可能需要更進階的辦法。你將在本章學習到如何處理這類情況，像是應付難纏的人、傳達壞消息或是提出批評，以及如何以最具魅力的方式道歉。事實上，這些狀況一旦應付得當，不僅不傷及雙方關係，甚至可能變得更為融洽。

應付難纏的傢伙

有些人就是很難搞：有的自我意識高漲，非要別人順著他；有的老愛批評；也有的人會故意跟你唱反調。在大多數情況，這些人擺明不讓你輕易贏得他們的支持。接下來會教你如何卸除他們心防，讓他們和你站在同一陣線。

彼得是一間全球專業服務公司的董事長。當他來找我時，已經有一定程度的魅力——好到讓許多主管欽羨。不過，彼得面臨的挑戰非比尋常：他希望把公司帶往一個全新的方向。

我們見面的那天早上，他坐下後嘟嚷道：「這感覺就像在圈趕一群貓咪。」他表示，他的提案要通過的話，必須獲得公司全球董事會的八名成員全數支持。而且，據他說，這些人「個個自我意識都很強，活像是個插著一雙手一雙腿的超大自我肉球。」他只有一次爭取成功的機會：一場即將逼近的全球董事會議。彼得勢在必得不容失敗，於是他取消了所有的行程，飛來紐約找我。

他問我：「有什麼神奇的魅力技巧能夠幫我贏得全體董事會的支持？」

釐清說服對象，個個擊破

我給彼得的第一個建議非常簡單：不要企圖一次贏得全部人的心。

每當別人看你，他們對你的觀感其實都經過了一番篩選——不管是透過他們的內心狀態，或者他們個人與文化特有的濾鏡；反過來你對他們也是一樣。你很難在一群人面前施展魅力，因為你必須考量每個人的背景。唯一的例外是站在舞台上，因為鎂光燈的效果可以消弭多重背景的不利情況。當你企圖說服一群難纏對象時，通常必須分開應付，才有更大的勝算。

於是我跟彼得想出了一套分頭說服策略，針對各國執行長進行一對一的會議。這麼做能夠讓彼得依照不同人、不同情況，選用正確的魅力風格。誠如我們在第六章看到的，「正確」的魅力風格取決於你的個性、你的目標、以及你面對的人。

什麼情況會要用到專注型魅力？也許是當你應付的對象需要別人傾聽與關注的時候。在彼得的例子裡，西班牙分公司的執行長覺得自己受到不公平待遇。認為自己的意見沒有受到董事會其他成員該有的重視，他也不喜歡彼得前陣子用電子郵件發送全公司的「董事長的話」，他希望彼得知道他對這件事的看法。彼得告訴我：「他其實只是想一吐為快，發洩胸中的鬱悶。這時專注型魅力最理想，讓對方感受到全然獲得聆聽、關注與理解。之後，對於我所提的每件事，他都更願意考慮。」

在其他的情況，則可能用到權威型或遠見型的魅力。譬如，當人們感到不確定、企盼尋求明確、令人信服的願景時。以彼得來說，阿根廷分公司的執行長感到極大的不確定性，因為他的國家正面臨嚴重的經濟與社會危機。「他們所有能試的方法都試過了，全都沒用。」彼得說。針對此問題，他主要採用遠見型的魅力，提出戰略計畫讓該分公司高層有穩固的架構可以依靠，同時給予他們一套明確的指導方針。

一旦你知道需要說服的對象是誰，也知道哪些人適用哪些魅力風格後，下一步就是爭取他們的支持。

讓對方合理化對你的幫忙

為了贏得政治對手的支持，富蘭克林（Benjamin Franklin）最喜歡的做法不是幫人家忙，而是反過來要求人家幫他。富蘭克林曾經寫一張字條給對手，聽聞對方擁有一本稀有好書，表示希望有機會拜讀，懇請對方借給他幾天。這名紳士答應了請求，富蘭克林之後也依約歸還，並寫了第二張字條感謝對方，熱切表達謝意和感激之情。

富蘭克林在自傳裡描述了這件事的後續發展：「我們下一次在國會碰到時，他竟然主動找我講話（之前從沒發生過），而且非常客氣；隨後，他在各種場合也表現出對我的認同。我們成了莫逆之交。」

這就是知名的富蘭克林效應（Ben Franklin Effect）。富蘭克林的對手因為借書給他的關係，不得不做出判斷：究竟要認定自己是前後不一的人（竟然幫忙自己不喜歡的人）？還是合理化之前的作為，承認自己其實滿喜歡富蘭克林的？「我為這個人做了一件好事，我八成是喜歡他的，我不可能答應幫一個我不喜歡的人。」這個技巧使得對手合理化自己幫忙富蘭克林的舉動。

你要怎麼運用這項技巧來達到對你有利的結果呢？你可以請求對手幫個忙。更理想的策略是，向他們要個東西，某個他們不需承擔代價的東西：他們的意見。向別人詢問意見比尋求建議還好：建議需要花費更大的力氣，因為必須依照你的情況為你量身打造。相反的，尋求意見不過是把腦中想法一股腦說出來就行了。

最重要的是，人們會因為曾經幫你而合理化對你的好感。因此，找出一些方式提醒他們曾幫助你的事，針對他們做過的決定以及投注的心力，表達你的感激與謝意。若他曾經以某種方式替你背書，也值得大做文章。請記住，這會讓他們合理化自己幫你忙的作為：「我全力以赴的幫了這個人！可見我非常喜歡他。」

表達讚賞

早在一九三六年，卡內基寫下了今日膾炙人口的巨著──《卡內基成功學經典：人性的弱點》（*How to Win Friends & Influence People*）。雖說內容早已成了陳腔濫調，但某些基本原則依舊不變。以讚美來說，卡內基的金玉良言時至今日仍然適用：「我們都渴望真誠的讚美，這是人類永遠不滿足的渴求欲望。少數能夠滿足它的人，便有辦法讓別人對他言聽計從。」

卡內基這條簡單的建議，最近獲得了科學界的證實。人們的確難以抵擋讚美的魔力。根據出馬圭世（Keise Izuma）的研究，當我們聽見電腦對我們說：「做得好！」被活化的大腦部位，跟我們得到意外之財時所活化的大腦獎勵區域是同樣的地方。

最有效且最真誠的讚美，莫過於針對個人的具體讚美。打個比方，「做得好！」還不如改說：「你做得好！」或更好的說法是：「即使客戶那麼惹人厭，你還是能冷靜應對，讓我刮目相看。」你表現出愈讚賞的態度，以及愈讓對方知道他們對你造成了影響，他們會愈喜歡你，更覺得他們對你的成功有所貢獻。這種「我成就你」的所有權意識，讓他們獲得了某種回報，進而認同你這個人，將你納為他們的一部分。因此，他們覺得要付出更多責任好確保你的成功。

讓人們合理化自己幫助他人的事實，是民間航空公司常見的行銷手法。當飛機降落到目的地時，機長或空服員往往會感謝旅客：「我們知道你有很多航空公司可以選擇，感謝您選擇了我們。」他們這番謝辭提醒了我們：「我們是有選擇權的，而我們選擇了他們。」結果呢？我們對這家航空公司產生更大的好感。還記得第七章約翰．高伯瑞說過的話嗎？人們傾向於證明自己是對的，而不願意改變原有的想法。於是，我們多數人寧可相信，我們很開心選了這間航空公司，而不願證明自己的決定錯了。

提醒別人選擇權在他們手上，而且他們選擇了你、你的公司、你的服務、或是你的建議，能有效讓對方繼續支持你或你的理念，尤其是遇到事情變得棘手、有人開始抱怨時特別有用。

但請記住，這樣的過程反過來依然有效，因此你必須避免讓他人覺得自己不對。假如對方知道自己傷害到你，他們也會企圖合理化自己的行為，說服自己，證明他們所作所為是正當的。他們不希望像個壞人，因此，一定是你做錯了什麼，才會導致他們這樣對待你。不管錯得多麼離譜，很少人會責怪自己——就連聲名狼藉的黑手黨老大卡彭（Al Capone）也自詡是一位大慈善家呢！

你不僅可以將合理化的技巧應用在自己身上，也可以用在你宣揚的理念。讓別人覺得他們影響了你的計畫或理念，因此衍生出某種程度的所有權意識，不由自主的支持你。

你要讓對方知道，由於他們的參與、他們的行動、或是他們的建議，事情才得以改變。改變是影響力的前哨：既然我們創造了改變，我們等於創造了影響力。

更好的做法是讓對方知道，某個計畫或理念最初會成形，都是因為他們的關係——他們曾經支持過的類似理念、計畫或提議。

彼得採用了這項做法，成功收服法國分公司執行長。他向對方強調，他會有今天這項理念，不僅跟法國分公司之前倡導的提案相似，事實上靈感就是源自於它們。

不打無準備的仗

在所有的有害人事物當中，尤其需要「小心處理」帶原者。這不是為了他們，而是為了你自己。跟難纏的人打交道，就像遇到敵人一樣，可能會啟動你的壓力系統，發送腎上腺素竄流到你的全身。嚴重的話，還可能會要人命。

杜克大學醫學中心精神病學教授瑞福．威廉斯（Redford Williams）博士花了二十多年研究心靈與情緒對健康的影響，他做出以下結論：「生氣就像是服用小劑量的慢性毒藥。」憤怒會讓血壓升高、損傷血管、並刺激充滿膽固醇的脂肪細胞全部跑進血液裡。簡單來說，心存敵意會違害健康，除非你懂得如何處理它們。

為了防止壓力荷爾蒙竄流到全身上下、影響到你大腦的正常運作、進而顯現出負面的身體語言，此時，請試著讓催產素充滿你全身上下。為此，你必須運用同理心，並維持在這個狀態。你可以利用第五章學到的各種提升同情心的工具；你也可以試著想像，這個人極有可能也非常厭惡他自己。難搞的人的內心世界想必是不堪入目的，這正是他們之所以難搞的原因。若他們內心充滿和平與愛，勢必會散發出親切感，而不是敵意——敵意往往只是混亂內心的外在表現形式。

如果你需要大幅加強同情心，可以考慮改寫現實。比方說，想像對方幾小時前才親眼目睹自己摯愛的父親或母親過世。請記住，你這樣做不是為了他們，而是為了你自己。如此一來，可以減少你體內受毒害的程度，讓負面情緒沒那麼難受。總之，每當你又開始覺得沮喪，都可以再回來應用此技巧提升同情心。

進入同理心的狀態不但能保護你的心理和情緒，也讓你全身上下展現出正確的肢體語言。只要你有敵意，就會反映在你的臉上。相反的，同理心能夠幫助你進入一種合作夥伴的心態，賦予你完美的肢體語言，在處理互動時更得心應手。這也說明了為什麼仁慈型魅力在應付難纏對象上，會如此出奇的有效。

剛從麻省理工學院畢業的瑪麗亞，最近在波士頓找到新工作。她跟我說，她運用了不少技巧來降低自己對兩位同事的不滿。「他們人很好，只不過行為把我惹毛了。由於遲遲等不到他們的道歉，使我愈來愈不滿他們兩個。」她沒有把握向對方討回應有的公道，卻也無法任由這股怨念持續延燒，畢竟她還得在工作上繼續與這兩人相處。

於是瑪麗亞寫了一封信，巨細靡遺寫下對整件事的所有感受，一吐胸中鬱悶。然後，她又替那兩人寫下她想像的道歉信。她表示：「寫完這兩封信，我覺得整個人獲得了解脫！同時，我竟然產生了極大的滿足感，並感覺到那股怨氣真的都不見了。」

隔天，在召開小組會議前一小時，她又重讀一次道歉信，並利用焦距拉遠的技巧從更遠的角度來看這整件事，是多麼的渺小、微不足道。最後，她用視覺化技巧想像勝利的興奮畫面。她還告訴我，在會議上想像兩位同事長著天使翅膀真的很有效：「我原本只是想實驗看看，沒想到真的有效！我實在難以向妳形容整件事情和成果的變化有多麼大；也無法向妳形容這種感受有多麼的美妙。我只能說我的確感受到、也表現出十足的自信。太神奇了！」

讓我們回到彼得身上吧！九月初，他一一會見了每位董事會成員，採用的魅力風格也略有不同，他告訴我：「他們聽起來似乎都站在我這邊。不過，我的判斷也可能錯了，畢竟誰也不知道開會時會發生什麼事。」彼得不容許任何閃失，於是在最後的重要董事會議前幾個小時，盡量只安排有助於強化魅力的行程，並利用第五章的暖身技巧提前準備。會議開始前，他又花了十五分鐘進入正確的心理狀態。

事後他告訴我：「當我踏進會議室時，我感覺自己全身上下都散發著自信、親和力與沉著。太不可思議了！」結果證明，所有的執行長此時都相信他能夠成功帶領公司往新的方向前進，而他要做的就是坐下來，放手讓他們推動。

傳達壞消息

我難得有機會同時聽到當事者兩造的故事，這是其中一個。

某個夏日午後，我們正要開始訓練課程時，澤維爾提出一個請求：「幾個小時前，我聽到一則語音留言，讓我非常心煩。妳可不可以先聽聽看，協助我調適好情緒再來回電？對了，這通留言是蘇珊留的。」

以下是蘇珊的留言：「澤維爾，我想跟你談談你寫的備忘錄。我有壞消息要告訴你。嗯，我或許不該這麼說，但你聽完壞消息後恐怕會覺得受冒犯。我向你保證，我真的不想那麼做。總之，回電給我。」

哎呀呀，你能看出蘇珊犯了什麼錯嗎？首先，她創造了嚴重的負面聯想：她的留言從頭到尾都讓人非常不舒服。其次，她已經掉進白色大象的陷阱，她讓澤維爾「不要」覺得受到侮辱。由於我們的大腦無法還原處理接收到的訊息，因此澤維爾的腦海中最常播放的字眼極可能就是「受到冒犯」。

第三，由於蘇珊的訊息含糊不清，使得澤維爾往最壞的情況想。大腦天生就對負面消息特別敏感，因此當我們聽到「這是個壞消息」時，我們的大腦自然而然就開始想像各種最糟的可能狀況。

蘇珊也是我培訓的學員之一，所以，我事後碰到她時便提醒：「妳應該站在澤維爾的立場設想。想像妳自己接到一通留言，裡頭提到壞消息、受冒犯等字眼，卻又說得不清不楚。沒錯，妳這麼做肯定吸引了他的注意。可是，妳覺得從現在起，他會把什麼樣的情緒跟妳聯想在一起呢？每當他想起那則留言，一定會想到壞消息與受到冒犯。妳希望潭維爾是這麼想妳的嗎？」

你沒辦法每次都為棘手的對話安排好時間與地點，但若是可以的話，無論如何都要這麼做。在你拿起電話、或是讓對方坐下來開始談話之前，請務必花點時間替對方設想他當下可能的心理狀態。

假如你知道對方過去這二十四小時過得很不順遂、壓力大或累到不行，而你也不急著非得要今天說的話，那就明天再說吧！我自己就體會過兩者的差別，在順心的日子裡聽到不幸消息，跟我在生病或很累時聽到壞消息，是兩種截然不同的感受。遇上後者的情況，壞消息更讓人難以承受——情緒被放大了好幾十倍。

再者，在傳達壞消息前，還要考慮到場地的問題。請記住，人們會將環境的觀感，轉移到他們的感受上。因此，你最好盡可能選擇舒適的地點，別挑選火車站或機場等吵雜場所進行棘手的談話。

此外，盡可能讓對方感到自在。你甚至可以準備道具。你是否發現，人們在棘手的談話中，或難以表達自己情感時，總會不安的把玩手上的東西、或是自己的衣服，譬如玩弄自己襯衫的鈕子？這些下意識的動作是為了找到某樣能分散他們注意力的東西，好讓焦點別全放在當下的難受上。因此，跟他們談話時，盡量在周遭放一些方便把玩的東西，讓他們能更快放鬆情緒。他們甚至不會意識到發生了什麼，只會感受到對話愈來愈自在、舒服。

每當有人來找我談話，我總會把「培樂多黏土」放在手邊讓他們把玩，這在面對生性害羞的人、或者碰上談話內容令人難受的情況時，特別有用。看著整個互動的過程中，對方焦點再度拉回到手中的「培樂多」，不再感到彆扭或是強烈的不適，我也不由得嘖嘖稱奇。

蠟燭和壁爐爐火在分散注意力上，也有相同的正面效果。羅曼蒂克的場合裡總是少不了它們，因為這時候最需要舒適與自在了。這些不斷閃動的物品，讓人覺得周遭環境似乎有影子在晃動，當需要分心時，便可以轉移注意力到它們上面。同樣道理，背景音樂也一樣有效。

你在傳達各種令人不悅的消息時，肢體語言就代表了一切。還記得先前提過：利用正面肢體語言來傳達負面表現評價，遠比利用負面身體語言傳達正面表現評價更容易讓人接受嗎？在壓力環伺的環境下，身體語言的影響力，比起說話內容要更強烈得多。一旦壓力系統遭到啟動，大腦便交由較原始的部位接管，此時它無法直接理解字義或觀念，只會直接接受身體語言的影響。

傳達壞消息想用正確肢體語言，講究的是親和力：在意、關心、理解與同理心。基本上，要盡量展現更大的仁慈型魅力。而且，消息愈壞，愈要讓對方感受到你確實了解他們、跟他們站在同一條船上。此時，善意、同情與同理心等內在工具便能派上用場。

- 首先，讓自己進入正確的內心狀態：升起同理心，並展現在肢體語言上。
- 站在對方立場替他設想，鮮活生動的想像出壞消息在他們腦海、以及對他們生活造成何種景況。
- 想像你和對方都長著天使翅膀，肩負共同的使命。
- 多表達同情心的話語，像是「過去就隨它去吧！從今以後好好愛你自己。」
- 試著透過你的臉部表情、說話語氣以及遣詞用句傳達出同理心。

傳達壞消息該如何遣詞用字，要看不幸消息的類型而定。多數情況下，你都可以依照第八章的建議構思：讓他們覺得這消息與自己切身相關、用他們的話說、善用類比和隱喻。如果你要傳達消息的對象是一群人，不妨參考第十一章公開演說的技巧。

此外，你得確保整個互動過程裡，言語以及非語言的表現都能釋放出你的體貼與關懷。情況允許，你也可以告訴對方，你希望怎麼做來幫助他們減輕不自在感。總之，你要讓對方知道，你很清楚這個消息真的讓人難以接受，也了解他可能受到的衝擊。

在整個過程，你不僅要傳達仁慈型魅力給對方，也要傳達給你自己。利用你學到的各種內在工具，盡你所能淡化這種難熬的感受，並且不斷讚美與鼓勵自己。畢竟，你已經盡全力了。

必要的批評

「誠實的批評最讓人難以接受，尤其是來自親朋好友、熟識、甚至陌生人。」幽默作家富蘭克林．瓊斯（Franklin Jones）如是說。你是否曾經因為想起多年前某人的批評而退縮不前？鮮少有事情會像難堪的批評更讓人心靈受創。

我有許多客戶在工作上難免要傳達負面回饋，這讓他們倍感煎熬。他們大多告訴我，每當得知自己必須提出批評，總是整個胃揪成一團，一整天坐立難安，害怕面對即將到來的談話。

遺憾的是，批評就像檢查牙齒、機場安檢，以及硬著頭皮詢問稅務問題一樣，是必要之惡。你或許不喜歡它，但有時候你就是非做不可。在生活當中，難免碰到某些時候，你身旁的人做錯了事情——可能是父母、配偶、朋友、同事、甚至老闆，你必須指出他們的錯誤。當然，問題在於：要怎麼做才對？

以下四個關鍵步驟能夠幫助你在批評之餘依舊魅力不減：

首先，**考慮時機與地點**。盡量以同理心為對方設想，並且考量對方的壓力與疲勞指數。在提出批評（或建設性回饋）時，盡可能在你發現對方有不當行為的當下立即指正。但是你得先確保對方的身心處於能夠接納指正的狀態。

第二，**進入正確的心理狀態——亦即同情心和同理心**。沒錯，就算你在提出批評，也該在舉手投足之間展現同情，才會對整個互動過程產生好的影響。此時，親和力也很重要。再者，運用仁慈型或專注型的魅力可以有效緩和氣氛。權威型魅力在此時則不適用，它只會讓情況變得更糟。

當別人覺得你真心為他們的最佳利益著想時，便可能讓整個情勢改觀。克里斯是來自洛杉磯的執行長，他跟我提到過去非常用心栽培他的前老闆。每當這位老闆向克里斯指出需要改進的地方，都會提醒他這是為了他好，希望他能盡快升官，才會告訴他哪些地方還有進步的空間。

在提出批評前，若想進入正確的心理狀態，也可以試著想像某個你非常敬重的對象——他可能是你摯愛的祖父母、良師、神祇、或是某位對你意義重大的人。假如你必須評論他們，或當著他們的面傳達這項訊息，你會如何措辭呢？現在，看看你的評論是不是有些轉變呢？在整個棘手的談話過程裡，請隨時提醒自己這麼做，想像某位敬重的導師在一旁看著你。

第三，**決定你要傳達的重點，而且要非常具體**。著眼在幾個關鍵點就好，別列出冗長的清單，免得讓對方不知所措。此外，如果你的批評太過籠統，對方那個專門設計來偵測危險的大腦，便會開始往最壞的方向解讀你的訊息。

第四，**對事不對人**。盡可能讓對方知道，**你批評的是他們的行為，而不是他們這個人**。若讓對方覺得自己的理念或個性遭到批評，你們之間就很難再找到共通點繼續談下去。同時，你必須非常謹慎，不要妄自假設已經摸清楚對方的動機；你反而應該著眼於觀察到的行為以及已經查明的事實。

即使你批評的是對方的行為，還是要盡可能保持客觀。最不可取的說法是像：「為什麼你老是拖延，總要等到最後一刻才開始準備演講的稿子？」這麼說不但針對個人，還以偏概全。此時，不妨把所有焦點都放在觀察到的行為上：「你到最後一分鐘才開始準備演講稿，讓我感到非常焦慮。」畢竟，是我們在自己體內創造了焦慮情緒——是我們自己要擔心的。可以的話，最好完全不要提到他們的行為。你只需說出內心感受，像是：「我到最後一分鐘才看到完成的演講稿，這讓我感到十分焦慮。」

批評的技巧

你已經用心選好適當的時機和地點，也擬好了充滿同理心的具體措辭，如今你已準備好運用魅力來傳達棘手的回饋。重要的是，必須踏出正確的第一步；你的開場方式，將決定當事人對於整場談話的觀感。

人們總是記得「第一次」：第一次發生某件事、或是開始的某個經驗。同樣的，我們也傾向於記住「最後一次」。在一項研究裡，他們替病患做結腸鏡檢查。有的用三分鐘做完全部檢查，有的則多花了兩分鐘，且在這兩分鐘內，檢測儀靜止不動。檢查結束後，後者病患感受的痛苦，遠低於前者病患。在他們印象中，整起檢查沒那麼痛苦，相對而言願意做第二次檢查。

如果你的批評以正向開場，將可影響接下來的談話走向。剛開始，對方的心情一定非常忐忑不安，他們需要一顆定心丸。此時，為了幫助他們穩住情緒，不妨告訴他們你有多麼看重他們——你尊重他們的個人價值，視他們為不可多得的好同事、好客戶。

對方聽到你認同他們的個人價值，也就比較容易接納你的意見，防禦心不再那麼重。事實上，這可能是解除防禦機制最重要的一個步驟。因為防衛心通常是恐懼與不安全感的外在表現。

假設某位同事的工作進度老是落後，與其向他直陳事實，不如先認可他曾做的一些正面貢獻。如此一來，他會覺得自己整體上獲得了認可，現在的行為只是一時，其實他平常表現都很良好。

由正向評論切入話題後，再開始指出對方真正的問題。告訴他們你「希望」看到什麼樣的成果，而不是你「不希望」看到的成果。老師在接受培訓時，時常被提醒：「避免用『不要』開頭的指令」。因為一旦老師跟學生說「不要」做某件事，學生反而會馬上去做。譬如，老師才剛講完「不要把豆子放進耳朵」，可能立刻就有一半以上的學生拿起豆子塞進耳朵。

當你告訴批評的對象你希望看到的改善行為，同樣要對事不對人。與其要求對方：「你能不能提前準備好演講的稿子？」不如說：「以後你若是能夠提早幾天把演講稿準備好，我會非常感激。」這麼做能先把對錯的爭論放一邊，專注在你們兩人都接受的行為上。

誠如跟難纏的人打交道一樣，在提出批評時，盡量避免讓對方覺得他們是錯的。就算他們清楚知道自己不對，往往還是死鴨子嘴硬不肯承認。你這麼做不但傷害他們的自尊心，也會引發反彈，導致他們抹黑你以減輕自己的罪惡感。

知名外交官班傑明・富蘭克林在回憶錄中承認，他吃足了一番苦頭才學到教訓。他年輕時，曾經因為發現對手的錯誤，又受到正義感的驅使，挺身而出，在還沒百分之百確定之前，就咬定這名男子是錯的。他表明了自己的立場，卻換來一輩子的敵人。

富蘭克林後來明白，為了一時之快證明自己是對的，反而引發長期的負面後果，實在很不值得。從那時起，他決定「不以與別人作對為樂」。他寧可多觀察一陣子，畢竟「在某些情況或環境下，他的看法或許對；但就眼前情況來說，也許他的看法不見得正確。」

你也可以採取類似下面的做法，跟對方說：「我可能沒有解釋清楚，請讓我再說一遍。」這無疑是最明智的方式。要成為有魅力的溝通大師，你要讓別人覺得跟你在一起時，內心會產生良好的自我感覺。換句話說，別人希望跟你在一起，是因為在你身邊，他們更加喜歡自己。

此時肢體語言同等重要。除了語言，你還可以運用眼神、語氣或手勢，清清楚楚告訴對方你認為他們錯了。你得善用先前學到的各種工具，將內心保持在平靜與善意的狀態，肢體動作自然能真情流露。

在棘手的對談裡，務必要留心對方發出的每一項訊號，留意他們的防衛心有沒有升高。一旦從他們的臉部表情、身體語言、或是說話語氣當中感受到一絲的防衛心，都要趕緊運用你的親和力，引導對方回復到較正向的心態。要做到這一點，你可以從兩方面著手：

- **言語**：鼓勵正向的內在聯想。譬如，跟對方提到他們過去的良好表現，或是找找這件事裡有什麼值得稱許之處。
- **非語言**：利用你的身體語言去影響他們的肢體動作。你應回到善意的心態，並流露於面上。於是，他們大腦的鏡像神經元會複製在你身上看到的情緒，從而牽動他們的心態和情緒，變得更為正面。

談話結束時，可以的話，以正面的話語做總結。請記住，開始與結束都是關鍵，它們都能為整體的互動增色不少。因此結束時，你可以把焦點放在下面三個方向：

- **接下來怎麼做**：再次回顧那些改善氣氛的步驟，若你需與對方繼續共事，更需要傳達出積極向上的感覺。
- **讚賞**：告訴對方你多麼欣賞他們接納建議的開放態度。哪怕是微不足道的優點，也要予以讚美。給予對方正面的強化，他們是會慢慢改善的。
- **光明的未來**：跟對方提到未來某個讓雙方都非常期盼的事情，譬如某個令人興奮的活動或即將到來的案子。讓對方感覺到，你非常期待日後與他們持續互動。

事情出錯時該怎麼道歉

沒錯，你把事情搞砸了。你不小心按到「回覆所有人」、你沒有核對好數字、狗兒吃掉了你的功課。只要你想得到的慘事，都可能發生；而且，無論錯在誰身上，總會有人認為那是你的錯。別怕！只要你能謹慎處理，一手爛牌也可能讓你逆轉成為贏家，就連令人尷尬的失誤也可以扭轉回來。

就像人與人之間，偶爾意見不合或起衝突，反而吵出惺惺相惜，到頭來成為一段佳話。當一段關係從開始到現在都很順利，我們內心深處難免會有一絲擔憂：目前為止一切順利，可要是哪一天變糟的話怎麼辦？到時要如何應付呢？只要你曾經讓事情化險為夷，便知道，這段關係可以經得起考驗，無需庸人自擾。

某個老客戶曾跟我提到，他其實不介意犯一些小錯誤，尤其在初期建立客戶關係的階段。他表示：「大多數人道歉都沒什麼誠意，隨便敷衍了事。所以就算你只用了一半的誠意道歉，也能夠贏過一大票人。」另一位企業家則告訴我：「我一向有辦法把失誤的頹勢，扭轉成對自己有利的情勢。」接下來，讓我們一同來看看要如何以魅力的方式與措辭跟人家道歉。

首先，還是那句叮嚀：先進入正確的心理狀態。這意味著，你非得要先原諒自己！沒錯，我是認真的。雖然對自己展現善意聽起來似乎違反你的習性，但是你一定要這麼做，才能避免產生負面的身體語言，否則情況只會愈來愈糟。「原諒自己」能有效降低你的防禦心，不會讓你的聲音、姿勢、面部表情或其他地方留給人防衛心重的印象。因此，請你善用學到的所有工具進入自我寬容，並維持這樣的心態。

原諒自己並進入理想的精神狀態，也能有效避免自己出現過度自責、卑躬屈膝或失去安全感。正面心態伴隨而來的自信，將能讓你展現出親和力與悔悟，並且依舊充滿正面力量。

具備好正確的心理狀態，接下來讓我們一起面對他人吧！

你犯下的錯誤愈嚴重，你愈應該展現更大的努力。為了讓對方原諒你，你必須讓他看到你臉上的懺悔，或最起碼讓人聽出你聲音裡的悔意。

由於我們多半是靠非言語溝通，因此你在當面向人道歉時，除了語言，還有許多方式途徑，譬如肢體動作、臉部表情和聲音語調。在電話裡，你只剩下聲音和文字可以運用；到了電子郵件，你能夠選用的工具甚至更少。

不過有些人覺得，處理這等棘手情況，最好跟對方保持距離，改以書面方式進行。書面溝通的優點在於你可以花上好幾個小時去琢磨兩、三行的句子，將文字雕琢成幾近完美的地步。再者，用書面方式呈現十分有效，這是永久的證據，展現出你願意負起責任的決心。

寫道歉信時，你同樣要從眾多魅力增強工具裡慎選恰當的技巧，考慮哪些最符合你的偏好、哪些有可能符合對方的偏好，並考量適當的配套措施、時機與場合。

聽他們怎麼說

無論當面或透過電話道歉，你都必須優先考量對方的發言權。要做到這一點，最簡單又有效的方法就是傾聽：透過專注型的魅力，讓他們感受你全然的臨在感。但別誤以為這件事易如反掌；畢竟當對方每發一句牢騷，你心裡可能就會冒出一大堆反駁的聲音。但在這個時間點上，千萬不要打斷對方，這麼做非常不明智。不管你再怎麼厲害、也不管你的辯駁多麼有理，他們只會覺得不受尊重，絲毫感受不到你的接納或理解。

此外，在聽對方講話時，請保持全然的臨在，盡量避免在心裡想著等下要怎麼回應。你必須全神貫注，仔細聽清楚對方的抱怨。有不了解的地方，一定要問清楚。如果對方說：「我只是不滿這次會議進行的方式。」你可以繼續問：「你能多講一點嗎？我真的很想弄清楚。這個會議有哪些地方讓你不滿意呢？是與會的人、會議的時間，還是其他的原因？」你也可以試著用自己的話重述對方的抱怨。當你聽到對方說：「我會不會說太多了？」你就知道你已經聽得夠多了。

此時，善意也很重要

在對談當中，光是進入「讓我多了解你的看法」的心態，就足以逆轉整個結果。理由很簡單，因為處於如此開放的心理立場，便能夠影響你的聲音、你的表情、你的遣詞用字，還有你的一舉一動。同時，它也會大幅改變你們互動時的氛圍。你的善意會浮現在臉上，浮現在你每一個細微表情。

再者，你可以應用我們之前提過的各種內在工具，將親和力帶進雙方的互動，並且加上仁慈型魅力，畫龍點睛。記得把下巴壓低、眼睛睜大，用親切和緩的聲音，保持經常性的停頓製造空檔，好讓對方隨時有機會打岔。

一旦你確定完全明白對方的抱怨，而你也同意錯在你身上，下一步就是真心誠意的向對方道歉。大家可能想不到，這時的措辭其實可以很簡單（再次提醒：肢體語言才是關鍵），你只要用全然的臨在與十足的親切感簡單的說一句「我很抱歉」，效果就夠驚人了。

道歉的重點在於你傳達給對方的體貼、關懷與投入夠不夠多。比方說，「我對不起你」與「對不起」短短幾個字，就有顯著的差別。前者讓人看到你感同身受，並設身處地為他著想。關鍵就在誠意：你必須讓對方聽到你真誠的道歉，而不只是敷衍了事，純粹為了安撫他們。

此外，你要讓對方知道，你很清楚自己所做（或沒做）事情的直接後果，以及它後續的餘波效應。在商場上，你應該要讓對方知道，你了解自己犯的錯誤會如何影響他們的目標或是成果。

接下來，再讓他們知道你會如何彌補，或是保證日後絕不會再犯同樣的錯誤。你要採取的後續措施，盡可能說得具體一點。

人難免都會犯錯，再厲害的人也不例外。但若是你把上述這些原則付諸實踐，即使失誤也可能變成轉機。一旦處理得宜，這些棘手的對談能讓你們的關係更加緊密，提升到更高的層次。

電話與電子郵件的溝通技巧

要在電話和電子郵件上展現魅力，有一定的挑戰。顯然，許多非語言的溝通方式都派不上用場。在電話裡，你完全沒辦法用視覺溝通；透過電子郵件，除了文字以外什麼都沒有。況且，電子郵件的往來可不容許你在看到對方回應後，才回過頭更正你之前寫的內容。

但話說回來，溝通的基本原則還是沒變：考量時機、場合，以及對方當下可能的狀況。回覆電子郵件或電話前，記得排出優先順序——從最不重要的開始，把最重要的留到最後，這麼做可以讓你先從簡單的開始練習。在回覆重要電話或電子郵件前，你也可以利用視覺想像技巧，進入正確的心理狀態，隨後正確的文字和語調就能自然呈現出來了。

在電話裡，一定要先問對方：「你現在方便講電話嗎？」，對方說沒問題後，你再繼續。不管你要說的事情有多麼重要或令人開心，只要時機不對，談話結果都會對你不利。對方可能趕著要完成某件工作，或身陷某個麻煩裡。

一旦開始跟對方講話，你就得全神貫注，必須像面對面談話時一樣專注，甚至要放更多心力才行，因為此時沒有視覺線索可以參考（如肢體語言），完全依賴聽覺。專心聽、並保持安靜。

你以為可以邊講電話邊吃吃喝喝嗎？還是可以一邊用電腦呢？吃喝絕對不成，也不急於這一時半刻。無論你覺得自己已掩飾得多麼小聲，對方還是能聽見你咀嚼和吞嚥的聲音，話筒可是設計來擴音用的。再說，只要你在打字，對方一定聽得到，而且覺得納悶，你到底是在跟他講電話，還是在忙別的事情。

此外，閱讀電子郵件或瀏覽網頁也非常不智。往往一不小心，換你回覆時就稍微慢了半拍，讓人聽起來你好像心不在焉。

延遲答覆就像臉部表情慢半拍給人的觀感。如果你心不在焉，分心的徵兆同樣會顯現出來。因此，講電話也要像面對面時那般，表現同等的臨在。事實上，面對面溝通時，你較容易透過各種方式來展現臨在感。相較之下，講電話時你得更加倍努力，才能讓對方感受到臨在。

麥克斯辦公用品（OfficeMax）創辦人麥可・費爾（Michael Feuer）表示，為了傳達臨在感，他在聽對方講話時往往會閉上眼睛。我非常訝異他是這麼一位無懈可擊的傾聽者，即使在電話裡，我仍能感受到他全神貫注在聽我講話，也能感受到他聽懂我說的一切。

為了達到最佳效果，不妨站起來離開你的辦公桌，遠離所有讓你分心的事物。保持站立並四處走動（你的聲音聽起來會更有活力），同時全神貫注在電話交談上。誠如演員替木偶配音演戲一樣，你也要採用面對面講話時的肢體語言技巧。身為演員都知道，這麼做能大幅改善你的語調。此外，別忘了微笑。還記得之前的微笑研究嗎？事實證明，人們有辦法只聽一個單音，就辨識出十六種不同的笑容。

你不僅要聽對方說了什麼，還要注意聽他那邊的動靜。如果你聽到對方的另一線電話在響，不妨問他需不需要接聽，並向他保證你不會介意，他會非常感激。再說，你總不希望他一邊漫不經心聽你講話，腦子裡還一邊猜想是誰打電話找他。

關於電話交談的魅力，在此提供一個具體、而且出奇有效的建議。感謝作家莉兒·朗蒂（Leil Lowndes）的不吝分享，這是她的建議：「不要」用親切友善的語氣接電話。相反的，以俐落專業的口吻接聽。等你確認對方身分之後，再慢慢在聲音裡加入親切感、甚至熱情。這個簡單的技巧既容易又有效，它能讓人感到自己是特別的。我就建議那些以客服為主要導向的公司客戶使用這項技巧，他們的客戶滿意度也都因此大幅的提升。

至於撰寫電子郵件，你可以運用之前幾章學到的所有技巧與原則。回顧一下你之前寫給別人的電子郵件，看看「我」這個字出現的頻率，相形之下，「你」這個字是不是少了許多？你在信中是不是會先談你和你的利益呢？與其硬要你改掉與生俱來的習性（畢竟我們的本能設計就是以自己為主），不如照往常一樣，寫下你的電子郵件，寫完後再簡單的剪下和貼上文字，把跟對方有關的文字都移到最前面、最醒目的地方，完成後再寄出去。

同樣的手法也可以應用在行銷素材上，譬如網站、宣傳手冊、或是任何代表你或你們公司的對外文宣。我在替大企業做諮詢時，通常建議他們細讀自己的行銷資料，然後用兩種不同顏色的螢光筆標記：一種顏色標示出跟公司相關的事情，另一種顏色標注跟潛在客戶有關的事情（你也可以在電子郵件上這麼做）。如果後者少於前者，那麼這份資料就有問題。

就和講話一樣，你必須留意每句話的投資報酬率：評估你電子郵件的長度，拿來跟它所能傳達的價值做比較。我最常要求客戶做的功課就是：寄出電子郵件前要先讀個幾遍。他們必須盡可能的刪減文字，直到沒有東西可以刪為止。套用《小王子》作者安東尼·聖修伯里的說法：所謂的完美，並非加無可加，而是減無可減。

隨身魅力要點

- 個別應付不同的難纏對象，並且針對不同的人與情況，選用適合的魅力風格。
- 對於他人的協助或是他對你的正向影響，表達感激：這會讓他們合理化協助你的舉動。
- 傳達壞消息時，要具備同理心，並貼心為對方選擇適當的時機。在肢體語言和遣詞用字上，展現親切與關懷。
- 批評別人時，必須進入善意的心理狀態，同時把焦點放在要求對方改善特定的行為上，而不是要求他們改變個性。
- 向對方道歉時，要全神貫注聆聽他們的抱怨，真心誠意表示歉意，同時拿出十足魄力，告訴對方你會如何改正錯誤，或是如何避免它再度發生。
- 講電話和用電子郵件通信時，運用你學到的所有工具，把它們當成和面對面溝通一樣來應對。

第十一章

打造完美演說

此時正值大衛職業生涯的成敗關鍵時刻。六個月前，他加入現在這家公司；然而，儘管他日以繼夜的打拚證明自己的價值，同事卻無法接納他。當初在面試中極力看好大衛的執行長，始終深信他相當具潛力，於是決定給他一個大鳴大放的機會：讓大衛負責統籌一件攸關公司未來成敗的大案子。大衛將在所有管理成員面前發表他研擬的計畫，他很清楚知道自己只有這次機會。他問我：「我該使用哪一種魅力？我非得表現完美不可。」

富含魅力的公開演說需要用到多種魅力風格。在本章裡，你將學習如何：

- 運用遠見型魅力擬出一篇激勵且打動人心的演說稿。
- 利用權威型魅力博得觀眾的注意力與尊重。

• 應用仁慈型魅力讓觀眾跟你產生共鳴。

無論你公開演說的對象只有少數幾人，還是一大群人，接下來的建議都適用。事實上，假如你要激勵、影響或說服的目標觀眾只有一位，那麼這些準則甚至更加有用。因此，不管你是會議上的引言人，還是要向你的老闆提出一個新點子，以下的技巧都能引導你從構思講稿、選用適當的措辭、上台前的預演，一直到登台呈現魅力無法擋的演說。

一篇充滿說服力的講稿

對我們大多數人來說，演說是為了說服別人相信某件事情——某個想法、提議或行動方針。你能在此學到一系列撰寫魅力演講稿的完整技巧，但在那之前，必須先清楚要說服的對象是誰。

《紐約時報》是全美最好且最具威望的報紙之一，文字淺顯易懂，據說這是為了讓十年級的學生也看得懂。雖然他們的讀者群包括了高學歷的企業主管、成功的企業家與執行長，但該報編輯知道，他們的讀者心中往往同時想著六件事情，彷彿雜耍特技人員，同時把許多球拋到空中玩耍。

你也是如此，經常得面對注意力匱乏的觀眾，他們只能挪出部分注意力聽你講話。如果在撰寫演講稿時，你能考量到這個事實、因應這些人的需求，那麼你的演講稿至少就贏過百分之八十的人。

假設你即將在某個星期二下午四點發表演說，別忘了你的觀眾打從一早醒來就不斷在思考、行動、交談、處理事情，直到現在。無論此時此刻占據他們腦海裡的是什麼想法，都不會因為他們走進會議室準備聽你演講而奇蹟般消失，你可能必須跟它們競爭注意力。

首先，你必須從欲傳達的內容裡，挑出一個最重要的想法，盡你所能讓它如水晶般清晰且淺顯易懂——最理想的狀況，是用簡單一句話來表達重點。

接下來，在這個主要訊息裡，再添加三到五個支持論點。因為人類的大腦習慣以三個一組的方式思考（從奧運獎牌到童話故事全都是三個：三枚獎牌、三個王子、三隻熊），對於大於四的數字，大腦無法馬上理解❶。此外，在提出每個支持論點前，都應該用好玩的軼事、有趣的事實、強而有力的統計數字、絕妙的隱喻、例子和比喻做為開場。

故事對人的影響特別強烈。事實上，觀眾往往會先記住故事，其次才記住該故事要傳達的重點。打從有人類以來，我們向來都是透過說故事將訊息傳達給其他人。

為了讓觀眾喜歡你的故事，你選擇的故事人物必須跟觀眾背景相似，讓他們更有共鳴。同

❶ 超過四個的話，我們必須運用到不同且比較緩慢的思考過程。我們不但得花更多時間來記住這些項目，就算記住了，準確性也不高。在面對一到四個項目時，我們可以既快速、準確又有自信的記住它們，這都是透過「直接數感」（subitizing）的能力。一旦物品數量超過這個數字，我們判斷的準確度與自信心都會隨著下降。此外，反應時間也隨之大幅增加。

時，你的故事必須富含娛樂效果（而且要短！），就像是好萊塢電影的預告片。你可能沒意識到，當你發表演說時，你就跟娛樂圈的人沒兩樣。因此，你的故事一定要充滿戲劇張力。此時，你運用的是遠見型魅力；它就跟其他形式的魅力一樣，能夠觸動人們感性的一面。

此外，善用**隱喻**和**比喻**有助於大大激發觀眾的想像力。想發揮最大的成效，請挑選那些能夠吸引小孩子的圖像和比喻。讓我們讚嘆與驚奇的演說，往往都觸動到我們小時候的深層記憶。譬如，你提到基本客戶群的潛力有待開發，不妨把自己比喻成「賞金獵人」、「尋寶獵人」或是正在找尋「黃金寶藏」。

就連枯燥的**數字和統計數據**，也要讓它們富含人性、具有意義、而且跟你的觀眾產生連結。賈伯斯就曾經巧妙運用數字，用兩種方式向觀眾說明iPhone銷售業績。他表示：「到目前為止，蘋果總共賣出四百萬支iPhone，這相當於每一天都賣出兩萬支iPhone。」在提到記憶卡時，他更是厲害：「這張卡擁有12 G的記憶容量，裡頭若是裝滿音樂的話，足足讓你往返月球一趟才聽得完。」

無論你用的是故事、實例、數字或統計數據，講完之後務必加上一項清晰的重點，或是某個你希望聽眾採取的行動。記住，要讓它簡單易懂，讓就算是同時處理多項任務、一心數用的觀眾也能聽得懂。

當你在替講稿作結時要記得，人們只記住開場與結尾。誠如你用強大的氣勢開場，你應該也要用強大的氣勢收尾。因此，演講結束時不要安排問答時間，它會讓你難以保持住演講那般強而有力的氣勢。

像我就絕不安排正式的問答時段，反而請主持人提醒聽眾，演講結束時不會回答問題，聽眾只能夠在演講當中提問。這還有個額外好處，它可以提高觀眾的注意力、參與度，以及全場的活力。

完成好演講稿的架構，你便可以開始構思句子。第八章的指導原則能幫助你選擇適當的遣詞用字：

- 演講內容要以觀眾為主，盡可能多用「你」這個字；用他們的話、他們的故事、他們的隱喻來說：跟高爾夫球員講「一桿進洞」、跟航海的人講「船難」。你也可以特別挑選不同領域觀眾慣用的動詞：像是商業界習慣用「領導」或「創始」、工程師習慣用「建構」、藝術家則喜歡用「構思」。
- 圖像化：大腦用圖像來思考，所以你選用的語言必須生動且充滿各種知覺。
- 慎選詞彙：避免掉入「沒問題」的承諾陷阱。
- 句子要簡短。每寫完一個句子，問自己：這句話的價值在哪裡？即使在構思故事時，也只挑淺顯易懂或娛樂性高的重點講。把它當成在製作電影預告片，而不是一整部電影。

打造得體的形象

如今你即將成為鎂光燈的焦點，所以花點心思想想，你希望穿著傳達出什麼訊息。是權威嗎？影響力？還是親和力？永遠別忘了社會心理學家針對色彩做的研究結果：

- 紅色散發出活力與熱情。穿紅色的衣服，能夠讓觀眾耳目一新。
- 黑色代表你是認真的，不容許他人對你說「不」。
- 白色散發真誠與天真，所以被告在出庭時往往選擇穿白色的衣服。
- 藍色傳達信任。顏色愈深，給人愈強烈的信賴感。
- 灰色是理想的中性色，也是商業界最典型的顏色。
- 橘色和黃色都不建議使用，因為他們雖然最吸睛，但也很快就讓人厭倦。

一位客戶遵從了上述原則，只要碰上棘手的談話，就會搭配一套救急專用服飾——藏青色套裝、白襯衫、白色珍珠耳環（或許是因為珍珠給人保守感，因而進一步強化了可信度）。

同時，為了在台上展現自信，以及氣定神閒的儀態，你的身體需要感受到自信心。確保你的動作能伸展自如，沒有喪失平衡感，也沒有任何東西能干擾你的舒適感。當你站在台上獨自一人面對觀眾，本來就很難感到全然的自在，犯不著雪上加霜，還得應付身體上的不適！換句話說，你應該穿著能讓你自在呼吸的衣服，以及讓你站得穩的鞋子。

大腦的首要任務就是保障你的安全：讓你得以逃離掠食者或保持直立。如果大腦必須挪出心力去擔心你的呼吸或是平衡，這意味著你至少有一部分的心思被分走，不能專注於演講上頭。何必浪費你的注意力呢？

不斷演練

知名喜劇演員傑瑞・賽恩菲爾德（Jerry Seinfeld）終於等到第一次大顯身手的機會，為了《今夜秀》（*The Tonight Show*）的六分鐘演出，足足準備了六個月。他回憶道：「這六個月到了最後，你就算賞我耳光、一直搖我、甚至把我壓進水裡，我依然能夠給你六分鐘的完美演出。」

魅力需要練習。賈伯斯就算深具舞台魅力，但大家都知道，他在重要演講前一定會嚴格要求自己勤加練習。就像鴨子看似優雅的在湖面上划行，水底下卻忙著大力擺動雙蹼，要做到看似不費吹灰之力的演講，需要投注相當大的努力。

每當碰到重大演說，我總是練習到每一個呼吸都無懈可擊，因為到了這種熟練程度，我知道自己不用大腦也能順利演出，我知道可以仰賴我的肌肉記憶（muscle memory）。

當你知道某場特定演說將對你職業生涯造成顯著影響時，就值得你花大量時間排練，直到它成為你身體的一部分為止。魔術師在排練時，有時會採用一個有趣的技巧——全程閉著眼睛預演。

另一個理想做法則是把你的演講全程錄音，或更理想的是把它錄影下來，算算自己出現了幾次專業演講者口中的「干擾」——不該出現在演講裡頭的聲音或動作。由於觀眾會注意你的一舉一動，因此你發出的每一個聲音、做的每一種臉部表情，都在傳達訊息要他們注意。你必須謹慎選擇每個動作：確保你做的每一樣非語言手勢都有它的意義，同時避免多餘的手勢，才不會白白浪費觀眾的注意力。

如果你錄下了影像，請三個人幫你指出不必要的手勢，譬如抖動或是分心。如果你是用錄音的，請他們把你的錄音稿謄寫成文字，並記下每一個「嗯」和「呀」。千萬不要自己謄寫，因為我們很難聽出自己多餘的干擾，再說謄寫的價格也不貴。

可以的話，你至少要在觀眾面前排練一次，當作正式的預演。不管你自己一個人練習時再怎麼精采，它畢竟跟你在活生生的人群面前演出，整場氣氛是完全不同的。

專業單口相聲喜劇演員就常替自己安排試演機會：在規模較小的俱樂部先行演出。在這種壓力較小的環境裡，他們得以試演新的劇本。傑瑞．賽恩菲爾德到現在還是會這麼做，偶爾會不定期出現在紐約喜劇俱樂部裡，磨練演出技巧。

誠如喜劇演員在小型俱樂部試演，你的推銷話術、劇本或面試應答，同樣需要一個舞台讓你牛刀小試。理想的情況，是找一群跟你演出當天觀眾背景相似的人（可能是年齡相仿，或是專業領域、經驗水平雷同）。若是時間緊迫的話，找親朋好友充當觀眾也無妨。

釋放影響力：舞台就是我家

魅力十足的演講者懂得如何給人留下深刻的印象，他們在舞台上自在從容，跟待在自家客廳裡沒有兩樣。他們已經達到「舞台就是我家」的境界。要做到這個程度有三人技巧。

首先，當你站立時，雙腳一定要打開與肩同寬，兩腳重心踩穩。這麼做不但能提升信心，外表也看起來更加自信、穩重，比起重心只放在一隻腳上還要好。寬闊、穩當的站姿，還可以幫助你投射自信的模樣。總之，當一隻大猩猩吧！

第二，試著不用講台。站在講台後方演說，可能讓人覺得你害怕冒險，寧願留守在安全的盾牌後，而且也讓演講氣氛比較沉悶。不妨想想無趣的演講給你什麼樣的刻板印象？是不是想到某個講者杵在講台，一動也不動，目光直盯著講稿，以單調語氣唸出內容的畫面？如果你能夠在台上自在的移動，會看起來更加自信、更有影響力、更富含魅力。

第三，找出合適的音量。這很難一概而論，要看演講當天你拿到什麼樣的麥克風，以及音響系統的狀態。最好的辦法就是，在演說前，請幾個人充當聲音專家，坐到會場最後面，給你一個事先講定的信號，提示你需不需要提高或降低音量。

釋放親和力：爐邊談話

小羅斯福總統改變了一切，至少在總統演說這件事上，他可說是創下歷史的新舉。在他之前，總統演說一向在莊嚴的正式場合中發表。後來，小羅斯福弄出了一個「爐邊談話」。突然間，總統的演說竟然變成一場溫暖又親切的談話。今日，一流的公開演講者也擅長營造出爐邊談話的氛圍：不管觀眾有多少，你依舊覺得他們是對著你說話。

爐邊談話讓人舒適自在，同時創造一種親密感。就像你坐在火爐旁，聽著好友們分享各自故事，或是單獨與一位好友坐在火爐旁自在談心。若想讓你的觀眾感到特別待遇，務必把演說當成是在與朋友分享祕密一般。

另一個讓人感到特別的方式是：當你漫步在台上，與每個觀眾各做一、兩秒的目光交會。這時間聽起來似乎短暫，但我敢保證，在演說當下你勢必會覺得度秒如年，但這麼做絕對值得。魅力十足的演講者向來懂得利用這種方式，讓每位觀眾感覺到他正與自己說話，連結起台上台下的關係。你也可以換個簡單一點的方式：先與看起來最有活力的觀眾目光交會——尋找那些面帶微笑、露出濃濃興趣或頻頻點頭的人，然後凝視他們的雙眼。

為了營造出這種舒適與親密的氣氛，大衛（即那位正在準備重大演說的新任主管）把焦點放在釋放親和力上面，並善用第五章的各種技巧，特別是天使翅膀的視覺想像練習。他告訴自己，演說的對象全都是他的守護天使，他們聚集在此和他一起工作。他告訴我，他感到一股溫暖的驕傲，同時發現自己對觀眾的好感跟著提升。

此外，大衛還特別提高語調的抑揚頓挫，以增強說服力。他也記得保持微笑，讓聲音聽起來加倍親切，同時，在想要展現自信與權威時，他會刻意在句尾下降語調。

演講結束後幾小時，大衛打電話告訴我好消息，他的表現可圈可點，演說打動了在場聽眾，即便演講結束多日，大家依舊對他讚揚不已。

停頓、呼吸、慢下來

猶記得我人生中的第一場演講，在當天早晨醒來時，我感到自信滿滿。那是一篇簡短且輕鬆的演說稿，替當地的兒童醫院宣傳，鼓勵同學踴躍捐血。我將利用全校集會開始的前五分鐘上台報告。雖然我很清楚自己即將面對大禮堂滿滿的觀眾，但我想不過是上個台替慈善義行說幾句話，這應該難不倒我。當時的我十八歲，從未有過面對一千兩百名觀眾講話的經驗，但說實在，我真的不覺得這有什麼難。事實上，我還迫不及待想趕緊上台，站在鎂光燈下，沉著鎮定的走上階梯登台發表演說。

然而，到了登台那一刻，每爬一階樓梯，我的胃就抽痛一下。等我終於登上舞台，我發覺自己有點喘不過氣。當我轉身面對觀眾，現實如排山倒海般向我壓來：我看到台下坐滿的一張張面孔，一千兩百雙眼睛用期待的眼神看著我。我的心因驚恐而一片空白，於是我屏住呼吸霹靂叭啦講完我的演講，幾乎連一口氣都沒換。如果你問我，像這樣不換氣好嗎？我得說，這實在不是一個好主意。等我講完時，眼前一陣發黑，幾乎看不到，只剩下朦朧的燈光。直到今天，我還是搞不清楚當初是怎麼走下舞台的。

在那之後的五年，只要有上台演講的機會，我在準備期間一定會在每頁大綱上方，寫著斗大的二個字：「呼吸！」現在，若是遇上全新演講內容時，我依舊會在每隔幾頁的講稿上方，寫下醒目的字眼：「停頓。呼吸。慢下來。」

當你待在舒適的家中或辦公室裡，可能覺得這麼做沒有必要，但你要知道，站上舞台後，所有事情都會變了樣。在那個當下，腎上腺素會在你的血管流竄，大腦的處理速度跟著變快。你周圍發生的一切，似乎都以慢動作在進行。當你的大腦以超光速運行，你說話的速度也會跟著加快，但是台下觀眾依舊維持著正常速率。

除了勤加練習，你還可以現場請某位觀眾幫忙，以事先講好的手勢提醒你講慢一點。總之，你確實需要多加留心自己的講話速度；你講得愈慢，聽起來就愈深思熟慮、從容不迫，人們也比較會專心聽你講話。

在我人生的第一次演講裡，我以為只要一停頓——即使只有一下子，我就會失去觀眾的注意力，再也拉不回來。說實在，停頓是需要勇氣的。誠如平常與人對話應該要適時停頓，發表演說同樣少不了停頓這個重要技巧。停頓是優秀演講者的一項特色，也是一流講者的主要技巧之一。所以在演講過程裡，你應該刻意經常做出停頓。你要有這個自信，相信你的聽眾會耐心等待。無怪乎會有「戲劇化停頓」的說法，因為停頓的確可以增添戲劇性效果。

當你講完某個重點或是張力十足的故事後，停頓個幾秒，讓你的聽眾有時間消化。如果你剛剛講了笑話，要有勇氣等笑聲擴散開來並漸漸消退後，再繼續下去。在演講開始與結束時，停頓都不可或缺。開場時當你走上舞台，來到正中央，面對觀眾，別急著開口，先暫停一下。安安靜靜站在那裡，默數整整三秒鐘，同一時間用你的眼神掃射人群讓目光交會。這段時間你可能會覺得非常漫長，但它是值得的。因為，沒有什麼事情會比這樣的沉默更能夠抓住觀眾的注意力。

演講結束時的停頓也相當重要，千萬不可以用跑的下台。一位年輕音樂家曾跟我分享作曲家卡布瑞耶・佛瑞（Gabriel Fauré）創作的〈西西里島〉（The Sicilienne），他對這首緩慢且陰鬱的曲子做出了這樣的評論：「樂曲結束時，緊接在最後一個音符後的那個停頓非常重要——沒有它，整場演出就功虧一簣。相反的，若能停頓得恰到好處，則能讓每位觀眾聽得如痴如醉，一分鐘後才回得了神。」所以在你講完最後一個字，先停頓一下，再說：「謝謝。」然後待在台上，好好享受幾秒鐘的掌聲。

如果你實在不習慣停頓，不妨用顏色注記在講稿提醒自己——這個技巧從我開始演說後用了好多年。我通常用一條藍色的樂譜小節線代表停頓一拍，兩條紅色小節線代表暫停兩拍（採用不同顏色和標記方式有其道理：站在鎂光燈下，你的大腦正快速運轉，你可能沒辦法想太複雜的東西）。

此外，我也會在講稿裡劃線強調需要釋出親和力的部分，提醒我講到這裡時應該要微笑。沒錯，這真的有效——大家都說，我看起來氣定神閒、自然又優雅。

你可以利用一些比較不重要的場合，練習上述技巧，像是親師座談、志工聚會或是住戶委員會。譬如你第二次參加親師座談，而你一直都希望學校可以將落漆斑駁的走廊牆面重新粉刷。如今你有幾分鐘的時間上台說明這個訴求，並需要大家專心聽你講話。由於這個議題不算是大事，就算被否決你也不大在乎，所以這是個很好的時機，讓你試驗剛剛學到、讓演說更強而有力的技巧——聲音變化、刻意停頓以及句尾語調下降。

中場修正

假設你在演說途中突然犯了錯：結結巴巴、講錯了話，遺漏了重點，或只是腦中突然一片空白。若此時任由內心的批判者接管，訓斥你犯下的錯誤，你的「打或逃」機制非常有可能會跟著啟動。你的身體因而開始關閉「不必要」的功能——譬如大腦的理性思考能力。這恐怕是站在台上的你最不想要發生的事吧！

那麼你該怎麼辦呢？如果你夠幸運，能在內心批判、負面聲音如雨後春筍般冒出之前，就發現它們，你便有機會及時轉變觀點（改寫事實）。即使只花一秒鐘告訴自己，犯錯是件「好事」，也足以阻止「打或逃」機制開始運轉。因為大腦對於新觀念的第一反應是接受它們並視為是對的，要等下一秒才會心生懷疑，所以早在那之前，你就已經重拾信心繼續演講了。

你也可以告訴自己，就算商業大亨和演藝人員也常故意犯錯來拉近跟觀眾的距離。譬如沃爾瑪（Wal-Mart）創辦人山姆・沃爾頓（Sam Walton）走到舞台中央前，會故意把筆記掉在地下；歌手法蘭克辛納區（Frank Sinatra）則在踏上舞台前，會刻意把襯衫衣領弄亂。這類例子不勝枚舉，你不是唯一一個。

如果負面情緒已經升起，你必須趕緊讓催產素流竄全身，方能關閉「打或逃」的機制。要做到這一點，請按照下面的步驟：

中場修正

練習時間

- 檢視身體。確保自己的肢體語言不僵硬，否則內心狀態只會加倍惡化。
- 深呼吸，全身放鬆。
- 將不適感受去污名化，並削弱它的戲劇效果。提醒自己，這種錯誤每個人都會犯，而且一切都會過去的。
- 如果心裡出現任何負面的想法，提醒自己它們只是想法，而且不一定是對的。
- 找一些小事情來感謝，譬如：你還能夠呼吸、演講結束時你依舊會活得好好的。
- 想像某個信賴的人給你一個大大的擁抱，足足抱了二十秒鐘（當然，你可能沒有二十秒的時間，但光是想像這樣的畫面，就超級有效了）。

一旦撫平了威脅反應，想再恢復到自信的狀態，請回想自己過去某個榮耀的時刻。由於大腦無法辨別現實與想像，這麼做能幫助你喚醒大腦裡的化學家，讓你的全身上下充滿和當時自信時刻一樣的化學物質。你的身體語言將跟著改變，回復到你期望的狀態：令人印象深刻、具說服力，而且激勵人心。

恢復自信看似得經歷一大串的步驟，但整個流程前後大概花不到兩秒。況且熟能生巧，只要多練習，迅速回到自信滿滿的模樣不是問題。要知道，人類大腦運轉的速度快得驚人，而且出奇的敏捷。

盡量多利用一些小危機來練習這個流程，等遇到大危機時，它早已成為你的下意識行為。你也可以利用第五章視覺化練習時自行準備的應急想像畫面，幫助自己瞬間恢復信心。

此外，你可以拿開會來練習。假設你並不滿意剛才給的答覆，並發現自己內在批評家又開始犯嘀咕時，不妨趁著其他人談話時，按照中場修正的流程，幫助自己在下次發言前回到正確心態。

演講當天：正確的心態

成功演說的最高指導原則很簡單：重點在觀眾，不在你。一旦你開始擔心起自己——不知道自己表現如何？該說這句話還是那句話比較好？你內在的自我批評就很容易產生。相反的，若你能把焦點轉移到觀眾身上——不知道他們現在好不好？拋開自我意識，進入善意的狀態，如此一來，觀眾不但看得出來，也會對你心生讚許。

你可以善用第四和第五章學到的各種工具，幫助自己進入和保持在善意的狀態。若之後忘記，隨時再回到這兩章就行了。

練習時間

演講當天檢核表

- 可以的話，最好提前抵達會場。上台走一走並做視覺想像，把舞台當成自己的。
- 進入一旁安靜的房間，利用視覺想像等內在技巧，進入自信和親切的心態。
- 演講前先停頓一下。面向觀眾，數完三個完整拍子再開口。
- 演講當中，「期待」錯誤——可能是外界的干擾，也可能是自己做錯了什麼。
- 一旦錯誤發生，運用你剛學會的中場修正技巧。除了用平常心看待錯誤，還可邀請觀眾一起把你的錯誤當成玩笑看待。
- 演說過程裡，記得要停頓、呼吸、慢下來。
- 千萬別跑著下台；稍做停頓後，再講出最後幾個字。

隨身魅力要點

- 演講內容應該要包含一個最主要、而且簡短如水晶般清晰的重點，再佐以三到五個支持論點。
- 每個論點都要搭配一個富娛樂效果的故事、有趣的統計、具體的例子，或是生動的比喻。
- 演講稿不僅要簡短，還要娛樂性十足，並留意每個句子帶來的價值。
- 若是可以，提前抵達會場。在台上邊走邊做視覺想像，把舞台當做是自己的家。
- 在台上，記得採用雙腳與肩同寬的穩健站姿，並盡量多占用一點空間。避免多餘的手勢，才不會分散觀眾的注意力。
- 把演講當作在分享祕密，告訴觀眾一些特別且不為外人知的祕辛。
- 利用笑容與語調變化，讓聲音聽起來更加親切。
- 跟每位觀眾進行一到兩秒的目光接觸。
- 經常做出刻意停頓，有助於展現自信、增添戲劇效果，同時給自己喘息的空間。

第十二章

危機，大展魅力的時刻

在前景晦暗不明、人心惶惶的危機時候，魅力特別能發揮作用。誠如哈佛大學心理學教授歐瑪蘇坦．海克（Omar Sultan Haque）告訴我的：「極度艱困且充滿焦慮的時局裡，領導者往往被認為更有魅力。」

危機發生時，領導者之所以較容易被視為有魅力，是因為人們在面臨危急時，會更輕易的受到領導者魅力的影響——此時，人們變得更加「渴求魅力」。無論是邱吉爾在歐洲其他各國日益式微之際，成功喚起英國的士氣，激發全國人民挺身度過難關；還是拿破崙在法國大革命混亂之際，以橫掃千軍之勢奪下政權；抑或是甘地在印度的身分認同危機下，勾勒出明確的未來方向。這些以果決行動力挺身面對危機的人，往往被視為魅力十足。

當你發現自己身陷危機，其實要把它視為是讓你大展魅力的機會；前提是你能把手中的牌打好。這正是本章的重點，接下來你將學到如何在危機中展現魅力。

首先，至少得保持一定的鎮靜。多數領袖之所以讓人覺得有魅力，是因為他們即使身處動盪不安，也能保持（或看起來）鎮定。誠如你已知道的，焦慮會影響你的內心感受、你的表現，以及他人對你的看法和反應。而且，焦慮往往會立刻顯現在你的肢體語言上。

身為領導人，你的肢體語言本來就會激起漣漪效應，擴散到整間公司。在危機時刻，這樣的效應只會被放大；因為危機讓領導人成了鎂光燈下的焦點，人們滿心焦慮的盯著他們的一舉一動。此時，人們的壓力系統會持續處於低警戒狀態，大腦改由原始的部位接管，導致我們對於肢體動作的反應，遠遠超過對於語言的反應。相對的，你的肢體語言會比平常引發出更多的情緒感染力。

為了改正肢體語言，你必須保持正確的內心狀態冷靜。你得運用所有在此時此刻尤顯珍貴的內在工具。在此我要特別推薦一些技巧：

- 經常檢視你的生理狀態——不僅為了你自己（它會影響到你的心理），也為了別人（他們可能會「感染」到你的肢體語言，進而傳給別人）。
- 巧妙處理內在負面情緒：將不適感去污名化、減低它的戲劇效果、中和負面想法，不讓它們占滿你整個心神。

- 改寫現實：無論改寫程度是多是少，一定都有幫助。試著用不同觀點來看待現狀，將有助於跳脫悲觀的心態。
- 利用視覺想像，幫助自己保持正確的心態。譬如，責任轉移能夠有效降低焦慮。

必要時，隨時回到第十一章，利用「中場修正」來度過關鍵時刻。盡可能多利用一些小危機練習這項技巧，一旦重大危機出現時，你才能夠駕輕就熟。

第二，表達高度的期望。有時候，光是貼上某種你期望他們達到的標籤就夠了。舉例來說，康乃狄克州新港市（New Haven）的家庭主婦一聽到募款者說她們為善不落人後，便捐出比往常更多的錢給「多發性硬化症協會」。這些婦女只是因為被視為善心人士，就做出了符合他人期望的行為。

華頓商學院羅伯特．豪斯教授在分析三、四十名魅力領導者的案例後，做出結論：魅力領袖往往擅長「以高度信心」向他人「表達高度期望」。

想想看，你希望用魅力影響哪些人？你期望他們達到或超過什麼樣的標準？向他們表達這樣的期望，並展現你充分的信心，相信他們一定做得到。更理想的做法是，你表現出來的模樣要讓他們相信自己就快要達到標準了。

第三，清楚勾勒未來願景。一個富含魅力的願景能夠讓你的魅力持續延燒到危機結束以後。

前南非總統曼德拉就是很好的例子。他描繪的團結與現代化願景如此有力，即便在種族隔離危機結束、甚至在卸下總統職務後，曼德拉依舊被視為整個非洲南部的跨國領袖，仍然在國際政壇叱吒風雲。

另一方面，前美國總統老布希在波灣戰爭期間坐擁九成的支持率，卻在隔年總統大選連任失敗。雖然他的魅力在危機時期一飛沖天，但他自己也承認，他忽略了「願景這件事」。

想散發出十足魅力，你的願景必須生動描繪未來的景況，讓人感受到現狀與願景的極大反差。魅力領袖經常指出現狀的不滿處，跟輝煌的未來前景形成懸殊對比，接著再告訴人們要如何才能到達那裡。雖然這聽起來好像很複雜，但其實我們大多數人都做過類似的事。譬如推銷員會找出潛在客戶現狀不夠好的地方，再告訴他們這些都有辦法改善——當然前提是得購買他們的產品。

光有願景還不夠，你必須傳達到對方心裡。你可以利用前一章學到的技巧，精心製作一份講稿，以最有魅力的方式發表。

一旦傳達了你的願景，就義無反顧勇往直前吧！

一八一五年入冬前，拿破崙敗給了法國皇家軍隊，受盡羞辱並遭流放到艾爾巴島。這個出身卑微、曾率領法國軍隊並自封為法國皇帝的男子，之所以還活著，是因為他企圖自殺卻沒有成功。在二月的最後幾天，他逃離該島，身無分文的登上法國海岸。他既沒有權也沒有錢，而且上次在眾人面前出現時，還輸得很難看。

然而，光是憑藉著他遠見型魅力的氣勢，又再度吸引了一票追隨者。他展現出全然的自信，相信自己有能力橫掃千軍，奪回政權。他為人們勾勒出一幅強大的願景：把人民從他們長久以來痛恨的統治階級裡解放出來。

他什麼都沒有，只有願景與魅力，但這樣就夠了。接下來，不可思議的事情發生了：在沒有錢支付軍餉，甚至沒有足夠糧食餵飽士兵的情況下，拿破崙居然能順利組成一支軍隊，並對外宣稱他打算重返皇帝寶座。

法國宮廷大為震怒，隨即任命馬歇爾・內伊為大元帥，出兵討伐拿破崙這個無賴，一舉剷除禍害。出征當天，內伊向全宮廷公開承諾，「會把篡位者關在籠子裡帶回來」。於是，他從巴黎率領皇家軍隊出發，另一頭拿破崙則是帶領著規模相差懸殊的一群士兵前往巴黎。三月七日黎明時分，兩軍相遇。

一方站的是勢如破竹的法國軍團，另一方則是勢單力薄的拿破崙軍隊。此時，只見拿破崙獨自一人向前，跨越了兩軍對峙的中線，進入敵軍的射擊範圍內。他面對著法國軍團——他曾帶領過的軍隊，穩如泰山的站在那裡，大聲喊道：「我人就在這裡，你們想殺死你們的皇帝嗎？來吧！」

士兵們聽了以後情緒激昂，大喊：「皇帝萬歲！」並跨越中線，站到拿破崙身後。就連內伊自己也公開聲明放棄原有的使命，加入了拿破崙的軍隊，於是一群人浩浩蕩蕩的跟隨拿破崙前往巴黎奪回政權。

研究一再證實，危機時刻裡，人們自然而然會追隨英勇、自信且果決的人。由於危機會帶來不確定感、引發焦慮，因此，任何可以降低焦慮的事物，我們勢必會緊抓不放。無怪乎信仰、遠見和權威在危機時刻總是能產生如此大的威力。

隨身魅力要點

- 魅力在危機情況下特別有效。
- 保持冷靜與自信的內在狀態，好產生正面的情緒感染力。
- 以全然的信心向人們表達高度期望，讓他們相信你能帶領他們到達那個境界。
- 清楚且大膽勾勒出未來的願景，展現你的自信，相信自己有能力實現這個願景，進而果斷的付諸行動去實踐。

第十三章

與魅力共處：從容應對副作用

每當人們聽到我的職業，往往好奇我是不是成天和一些絕頂聰明、想要學習魅力的書呆子在一起。我總是回答：「其實，我有許多客戶都是非常成功、極具魅力的高階主管。他們之所以來找我，不光是為了提升個人的魅力指數，還為了學習因應它帶來的後遺症。」通常，話一說畢，他們便滿臉茫然的望著我。

沒錯，擁有魅力真的很棒，它的確會讓你更有影響力、更具說服力、更能打動人心。人們會喜歡你、信任你、渴望追隨你。然而，魅力還是有它的缺點。各種形式的魅力都有它的代價，代價是大是小，取決於你選用的魅力風格。在最後一章裡，你將學到潛藏在魅力裡的一些副作用，以及如何有效處理它們。

你變成了磁鐵——吸引來的不只是讚美，還有嫉妒

隨著你愈來愈有魅力，你可能會發現自己吸引到讚美、佩服與羨慕。你的團隊成功時，榮耀自然而然落到你身上：上級主管只記得「你的」名字、「你的」貢獻、「你的」臉孔。這一切都很棒！不過那都是在別人開始對你心生不滿之前。好一點的情況，嫉妒只是讓人們漸漸疏遠你。更嚴重的話，他們會想要扯你後腿。

為了防範他人可能衍生的嫉妒和不滿，你有必要為自己的魅力加上防護措施。方式有三種：拒絕榮耀、反映榮耀、或是轉移榮耀。

拒絕榮耀等於減少別人對你的注意，盡可能貶低你得到的讚美。你可以藉由自我否定去矮化自己、淡化別人對你的推崇與讚美。然而，我們之前也看到，這麼做反而會適得其反，因為你等於在否認你崇拜者的說法，讓他們覺得自己是錯的。

反映榮耀則是強調其他人的貢獻。這麼做還滿有用的，而且有額外的好處，因為它讓人家覺得你很謙虛。比方說，簡單講一句：「謝謝大家！我們真的很幸運有蘇珊幫忙查核財務狀況，還多虧了比爾神乎其技的繪圖天分。」不過，有時候無論你再怎麼反映榮耀，還是有人會嫉妒或不滿你的魅力與成就。因此，你有必要向前邁進一步——轉移榮耀。

一間大型跨國銀行的執行長請我幫忙訓練他的領導團隊。南西是其中一位高階主管，她是一

位極具魅力的後起之秀，掌管西南地區的所有分行。事實上，正因為她做得太成功了，所以執行長要求同樣身為主管的老將凱文，派遣他的團隊到南西那裡見習，學習她成功管理的祕訣。於是，凱文的團隊來到南西的總管理處進行為期一週的訪問。南西非常榮幸與開心，打算竭盡所能的指導他們。然而她卻從某位來訪同仁的口中得知：自從接到執行長的觀摩要求後，凱文便不斷在說南西和她團隊的壞話。

南西問我：「我該怎麼做呢？」我請她站在凱文的立場替他設想，認真體會他目前可能的處境。「假想你自己是銀行的資深元老，卻接到指示要把你的團隊送去向一個資歷比你少十年的傲慢年輕人學習。你會有什麼感覺呢？」

或許凱文覺得，他就要失敗了，或至少不如另一位經驗沒他豐富、卻不可一世的新秀那樣成功。他很有可能好一段時間缺乏安全感，擔心自己不再受人推崇與尊重，才會對南西的成就產生這麼多負面的情緒，發洩怨憤。

我告訴南西，要讓凱文不再嫉妒或不滿她的優秀，唯有讓他把她也視為他自己的成功才行。我鼓勵她試著給予凱文「所有權的意識」，讓他覺得自己也替她的成功貢獻了一部分。我請南西想出一件可能是從他身上學到的東西，或是他曾經做過什麼啟發了她。她聽了不禁發牢騷：「哦，我的老天！一定要嗎？」我則回答：「這麼做絕對值得。」

南西花了幾分鐘的時間，終於想到：「是有過這麼一次，管理會議上，艾倫抱怨新系統如何繁瑣難用。而凱文用一種很棒且正面的激勵方式，恰如其分的幽默口吻說服艾倫接受它已成事實，不再鑽牛角尖。整件事值得敬佩。那麼我就從這一點著手吧！」

我也提醒南西善用「富蘭克林效應」，請她定期向凱文請教想法與意見，讓他再次感受到尊重。之後，她可以再回去告訴他，這些想法與意見對她產生了哪些影響。

給人感覺「擁有」你成功的所有權意識，能有效預防他們心生怨懟，並衍生出正面的情緒，譬如榮譽感和忠誠度。事實上，許多人都知道，這項技巧頗具柯林頓的風格。柯林頓在任職美國總統期間，向來習慣跟白宮的每個人詢問外交政策的看法——從大廚到門房。他總是全神貫注的聆聽，之後又會回頭告訴對方，他們的意見如何幫了他的忙。當人們覺得自己「親手打造」了你，他們便對你產生某種「所有權意識」並更加認同你，因此覺得有責任為了你的成功一起打拚。

隨著你愈來愈成功，曝光率愈來愈高，你必須定期實行「預防嫉妒的小活動」。注意！你的每句話都必須出自肺腑。一位客戶在知道接下來的技巧後，興奮的說：「太棒了！有捷徑！從現在開始，我只要讓別人覺得我關心他們，但我完全不用真心喜歡他們，對吧？」不對！

首先，誠如你已經學到的，絕大多數的時候，只要你說的跟你想的不一樣，人們一定都會憑直覺發現——不知怎地，他們就是會知道。其次，若連我們都不相信要表達的東西，將造成認知的不一致；它會占用我們專注的能量、轉移我們的注意力、進而削弱我們的表現。虛情假意不值得我們付出這麼大的代價。

好了，現在請你列出一群職業生涯中幫助過你的人，然後利用下列「預防嫉妒」的步驟，逐一打電話或寫電子郵件給他們：

預防嫉妒

練習時間

正當理由：擬出一個聯繫對方的藉口，聽起來不要太牽強突兀：「我跟蘇聊天時，突然聊到你。」或是「鮑伯讓我想起了你，還有我們那時候……。」我會請學員利用課程當藉口。畢竟，我的確有請他們回想誰是他們職業生涯裡的貴人，如此一來他們可以照實說：「我正在上主管訓練課程，你的名字突然浮現在我腦海。」

表達感激：感謝他為你做的事。譬如對方（甚至素未謀面）曾抽空跟你談話，無論你們當時是面對面、透過電話，或是第一次見面就聊很久，都可以表示謝意。你也可以對他們給你的有效建議或有趣資訊，表達感謝。

無保留的述說：清楚描述對方幫助你的地方，對他們的付出表達謝意：「我知道你其實沒有必要幫我這個忙……」或是「我知道你盡了全力在幫我……」。

> **對你的影響**：讓對方知道他們對你的正面影響。他們做過什麼、說過什麼、或是立下什麼榜樣，讓你變得更好？你今日做事或說話的方法之所以改變，是因為他們之前做過哪些、說過哪些、或是立過哪樣的典範嗎？你的人生或行為有什麼不同呢？告訴他們那件事對你個人的影響——要富有戲劇效果。人們喜歡感覺自己很重要。
>
> **創造責任感**：前面的四個步驟——正當理由（justification）、感激（appreciation）、無保留的述說（lay it all out）以及影響力（impact），創造出一種責任感（responsibility）：JALIR，它讓人覺得自己從你的成功得到回報。因此，你要盡可能多為他們歌功頌德，讓他們覺得自己擁有你的成功，他們會不由自主的繼續為你的成功投注心力。

嫉妒和怨懟最常發生在「高度影響力」的魅力人士身上——譬如權威型和遠見型的魅力。所以，如果你想要展現出這類風格，你必須定期進行JALIR這五項步驟。在行事曆上設定每月提醒一次，向某些人做JALIR措施、徵詢他們的意見，或者表達他們先前的回應如何對你產生影響。

以下是我一位客戶最近寄出的JALIR電子郵件：

丹，

前陣子一位朋友問我，誰是我職業生涯裡的貴人，我想到了你。我不知道是否跟你提過，和你合作金融計畫那段期間，我從你身上學到好多。我永遠都記得，一位非常不禮貌的客戶打電話咆哮，從頭到尾你始終保持鎮定，平心靜氣的應答。我從這件事情學到，無論客戶說了什麼不客氣的話，我們還是有辦法沉著應對。

近來，每當我講電話講到快要失去耐性時，我往往會提醒自己：「嘿，還記得丹是怎麼應付那通不友善的來電嗎？」

對了，還記得你曾經給我的策略定價建議嗎？我一直沿用到現在。事實上，多虧了你的建議，我今年度最大宗的部門提案才能如此成功。

總之，我只是想寫信來跟你說聲謝謝。雖然你可能沒有意識到，但你對我的影響真的很大。我今天能有這番上得了檯面的成就，你功不可沒！

吉姆敬上

人們在毫無準備下，向你吐露太多心事

我剛開始訓練企業主管時，專注在改善他們的溝通技巧。這些實用、又有效的技巧，可藉由練習與調整，最後內化成他們的習慣。在這個過程中，我們彼此教學相長，所有參與其中的人都感到自在，也讓培訓課程的效益變得更大、更加成功。

不過，當我開始試驗前面幾章列出的內在技巧後，我發現自己跟培訓學員之間，除了智識，在情感上也漸漸築成強烈的連結。

有時候，情感連結結合智識連結，會產生相乘效應。某位客戶描述，那種感覺就好像在彼此的外圍打造了一個力場、一個繭、一個不時發生奇蹟的魔法箱。也是從那時起，我注意到一個奇怪的現象。

在那個當下，每個人都體驗到神奇的感受，無論是客戶還是我自己，都感到異常的激昂。客戶會進行極為深層的內心探索，尋求深刻的見解以及富啟發的頓悟。他們吐露的心事往往多到讓我驚訝，但我也很開心看到他們進展如此神速，遠遠超出雙方預期。

然而，就這樣反覆進行多次以後，那幾名喜愛主動分享私密心事、高興能獲得新見解的人，就這樣從地球消失了。我不知道怎麼會這樣：這些人在培訓的短短期間內，探索到如此非凡的境界，還獲得巨大的進步，我還以為他們會迫不及待再回來上課呢！直到後來，我向一位經驗豐富的企業高層教練請益後，才知道自己錯在哪裡。

這位同行艾力是以色列前陸軍軍官，有幾十年的服役經驗。他告訴我：「他們當然會消失呀！他們是因為羞愧而不敢再來。培訓期間，你創造了太強大的力場，對他們來說，就好比處在一個魔幻世界，整個人飄飄然，跟喝醉酒沒兩樣。在這種力場改變的狀態下，他們分享的東西比平常『清醒』時還要多，還要深層。」

聽完他的精闢分析後，我整顆心往下沉。艾力繼續道：「幾個小時過後，或到第二天早上，當他們從恍惚中清醒，他們的自我也跟著醒過來，這才驚覺到自己分享太多太深層的東西，然後懊惱不已：『天啊，我到底做了什麼？』」

他把這種體會比喻成縱情酒色一整夜，隔天早上醒來後的感受：當意識到自己在酒精催情下做出的事情，勢必會感到天大的羞愧。艾力的結論是：「千萬別在他人還沒準備好之前，就帶著他們探索更深層的內心世界。這是妳的工作，妳得嚴格把關，保持他們神智清醒，別讓他們在毫無準備下，吐露過多的心事。」

這些年來，我發現到像這樣讓人感到安心的繭，還有其他副作用。有時候，人們在不自覺的狀態下，會因為感到安心與堅強而冒險過度，幾乎快碰觸自己內心邪惡的一面，殊不知自己還沒有準備好面對。這項副作用最常伴隨著仁慈型或專注型魅力而來。

還記得在某個非常特別的課程裡，我必須帶領客戶「從頓悟到領悟」。整個過程真是嗨到最高點！一位客戶看到自己無窮的潛力，以及大半的內心世界，他告訴我，他看到了真理，覺得自己獲得解放與重生，不再是以前的自己。我認為這樣還滿成功的，於是給了他一些建議後，就放手讓他自己去闖了。

之後一個月我完全沒聽到他的消息，我有點擔心，但我猜他可能正專注在自己的「功課」上。直到他終於打電話來，跟我分享最近發生的事：「妳絕對想不到那短短半小時的一對一課程，會造成多大的衝擊和影響。我蜷縮在公寓裡整整一個星期。在那一整個星期，事件的餘波不斷蠶食我的世界，將它搞得天翻地覆。」

是的，他走出來了，就像浴火鳳凰一般。他在公司的表現愈來愈傑出，他也非常感謝我的課程。不過，也算是幸運的。我在無知的狀態下帶領他走到最深的海域，卻放手任由他自己想辦法游回岸邊，否則就等著滅頂。

接下來這些年，接受一些睿智的良師指導後，我學會不再讓魅力帶來的神奇感受變成催情效果。我懂得替客戶踩剎車，循序漸進的在多次課程裡培養他們的自在從容。

然而，當別人處於亢奮的情緒時要他們慢下來，還要讓對方感到被接納或不覺得受傷害，其實並不容易。在此提供一些軟性的溫和方法，不妨試試：

- 全神貫注。當對方開始分享，問自己：「到了明天，他們會不會後悔說出這件事？」
- 只要聽到他們開始吐露你認為他們可能會後悔的事情，趕緊打斷，馬上接著分享一段「我也有過相同經歷」的故事——這是唯一可以正大光明打斷對方講話的情況。最理想的來源是你自己的親身經歷，其次是來自你身旁親友，最後才是你聽過的故事。利用「我也有過相同經歷」打斷對方的話，可以達到三個效果：

首先，迫使他們暫停、中斷思緒，同時給他們機會緩和欲分享私密心事的衝動。

其次，他們可以從你身上聽到想要分享的類似內容，只是主角不是自己。藉由角色的轉換，他們有機會觀摩別人在分享類似心事時，揭露的程度是多大。然後，他們再來決定等下是否有辦法繼續自在的分享。

最後，這可讓他們冷靜下來。當他們的自我開始因羞愧而退縮，在聽到別人也分享這麼多類似內心感受後，注意力便會轉移到這項事實上，不再那麼鑽牛角尖。

- 假如來不及阻止而對方已經吐露太多，此時你必須告訴他們，你不會因為這些事而改變對他們的看法。他們剛剛透露的事情不過是他們這個人的一小部分，微不足道，他們還有其他無數足以自豪的優點。譬如，你可以表示：「哇，我完全看不出你也有嚴重的『冒牌者症候群』。在我眼裡，你一向都很成功呀！」
- 你也可以試著讓他們覺得：與人分享並吐露太多的這項行為令人敬佩。請記住，重點在消弭對方的羞愧感，肯定他們的自覺是最有效的辦法。例如，你可以說：「你能夠探索這麼深層的內心世界，需要十足的勇氣。真是讓我刮目相看！」

假如你與素未謀面的客戶一見如故，對方很喜歡你，於是你啟動了專注型或仁慈型的魅力，火力全開。雙方互動愈來愈熱絡，客戶也逐漸透露他對公司的規畫，指出某些他需要你協助的地方。到目前為止都還不錯，而且是非常的理想。

隨著時間推進，兩人的融洽氣氛持續升溫；客戶告訴你，他很訝異跟你在一起的感覺竟如此的自在。於是他開始透露更多他對公司現況的個人觀點與意見，娓娓道出自己的現狀、他的希望、夢想以及擔憂——甚至不安全感。

此時你要做的就是專心聽對方說每一句話，一旦你發現他透露的事情可能會帶來不良的後果，趕緊運用上述技巧，試圖打斷他的思緒。

當你火力全開的啟動魅力時，等於在你周遭營造出一圈與現實脫節的力場。這有點像是催眠，因為你在身邊的關係，人們的內心產生了變化。誠如催眠師必須小心引導人們脫離催眠狀態，你也一樣。在你身旁時，對方像是中了你的魔法，改變了心理狀態，所以你必須小心翼翼把他們導正回來。

鎂光燈下的你，需接受放大檢視

若說名人和執行長有什麼共同點的話，那就是他們一直處在鎂光燈下。無論他們有沒有意識到或者喜不喜歡，他們的一舉一動幾乎都受到大眾的檢視。這也是權威型或遠見型魅力等高影響力魅力風格的另一個潛在副作用。

商業作家馬歇爾・葛史密斯（Marshall Goldsmith）告訴我，許多執行長對於自己必須隨時呈現最好的一面而備感壓力。「對他們來說，每分每秒都是『作秀時間』。就算聽著乏味的簡報，也必須展現魅力，因為在場每個人都睜大眼睛看著他們，他們可能還比台上的發言人醒目。」

由於魅力人士似乎擁有更大的權力，我們對他們的要求也比平常人更多。我們期望他們有更亮眼的成績，一旦他們表現良好卻稱不上突出，我們便不會滿意、更談不上刮目相看了。

一旦他們表現不好，批評的炮火往往比「一般人」還來得猛烈。哈佛大學拉凱希．庫拉納（Rakesh Khurana）教授被問到，在商業界裡魅力人士一旦失敗的話，會有什麼下場？他表示：「就像我們對待失敗的救世主一樣：釘上十字架。」

沃斯特（J. R. Wurster）是洛杉磯一間小型電影公司的執行長，個性大而化之，很難想像他也會感受到鎂光燈下的壓力。然而，當我提到這個議題時，他馬上就懂我的意思，並表示：「這種每次非得要有超凡表現的壓力，遲早會毀了魅力人士。我們不再容許自己當凡人，但沒有人能夠過這樣的生活。」

這該怎麼解決呢？答案是容許你自己當個凡人。這意味著接受你的人性面，同時展現你的人性。這也意味著接受你脆弱的一面，以及（天呀！）展現你的脆弱。我知道，我了解，光是想到這樣，就夠讓你不舒服了，但我保證這麼做絕對值得。海耶斯．巴納德（那位富含魅力的派拉蒙公司執行長）告訴我：「表裡如一、展現脆弱人性的主管是非常有魅力的。」還記得法蘭克辛納區與山姆．沃爾頓嗎？他們在正式面對觀眾前，都故意先展現自己會犯錯的一面。

暴露你的弱點，反而能提高你的影響力。這聽起來似乎不合邏輯，但當你展現脆弱與人性面時，的確能拉近跟他人的距離，不再有疏離感——尤其你被當成超人時，別人更覺得你遙不可及。要不是超人具有克拉克．肯特（Clark Kent）這個凡人身分來表現他脆弱的一面，想必他也不會這麼惹人喜愛，人們也難跟他產生親近感。

當麥可．喬丹從籃球轉戰棒球時，儘管表現差得可憐，但他受歡迎的程度依舊有增無減。記者發現到，多數人其實覺得自己跟打棒球的喬丹更有關連，部分是因為棒球場上的他看起來沒那麼像超人、反而更像是普通人。喬丹自己也說，棒球展現出他更人性化的一面。

這道理在商業界一樣適用：我們也希望和魅力主管產生關連。研究證實，讓追隨者在你身上找到共通點，是魅力領導的關鍵因素之一。此外，一旦人們習慣看到你人性的一面，你的壓力也會因此獲得紓解，不必隨時保持「開機」狀態。

柯林頓職業生涯的重大轉捩點，就在他決定刻意展現自己脆弱一面的時刻。

時間回到一九九二年，美國總統大選剩下不到五個月，柯林頓的民意支持率依舊低迷，遠遠落後老布希和羅斯．佩羅（Ross Perot）。政治評論家甚至酸道，柯林頓是來「陪榜」的，斷言他這次一定會輸得很難看。

柯林頓的智囊團相當明白這是因為柯林頓還沒與選民搭起任何連結，於是他們想出一個驚人的做法：與其強打柯林頓的強項，不如嘗試利用他的脆弱，拉近跟選民的關係，打動他們。

柯林頓競選團隊推出了一連串顯露他脆弱一面的活動，還為此取名為「曼哈頓計畫」。柯林頓上談話節目透露自己痛苦的童年往事以及艱困的家庭環境。儘管布希團隊聲稱這項舉動十分「費解」，甚至還說「古怪到了極點」，柯林頓團隊依舊持續進行。在短短一個月不到的時間，柯林頓的支持率從三三％，飆升到七七％。至於結果呢？都已經寫在歷史上了。

不過，你得根據不同的對象、場合，來決定要以何種方式展現你的人性面。

適當的場合非常重要，千萬不要等到關鍵時刻才首度嘗試展現自己的脆弱，相反的，你應該利用不重要的時刻勤加練習。

練習時間

展現脆弱的一面

從日後會有的三、四次對話中，挑選一、兩個較無利害關係的場合。然後找一個你願意與人分享的小小弱點。千萬不要選你的嚴重缺陷，輕微的恐懼、猶豫、擔憂、或遺憾就行了。換句話說，你可以分享你擔心的事、某件你自覺做錯、或者希望當初做得更好的事情。

談話前，先做慈悲心的視覺想像，並將這次練習可能產生的結果進行責任轉移，好讓你產生適當的肢體語言，並避免焦慮擊垮你——如果你覺得不適，這是必然的，這樣你才會展現脆弱的一面。談話時，可運用幾個方法讓自己更自在的分享：

- 「你知道嗎，我必須告訴你……。」或是「我得承認……。」都是不錯的開場白。
- 為了鋪陳，你可以這麼說：「跟你提這件事，說實在我有點緊張，不過，……。」
- 你也可以請求對方不要洩露這段對話。這不僅讓你更加安心，也讓別人更珍惜這個時刻。畢竟，人們超愛祕密的。

展現完自己的脆弱面，趕緊再做一次責任轉移。讓責任轉移帶來的好心情，與大腦產生正向連結，讓你不再因為暴露弱點而感到不安。

若只運用先前「全心探究知覺」的技巧，你可能還是會對脆弱這股情緒感到相當不自在。但既然你手邊已具足所有處理這類不適的工具，不妨放手去試，你將因而學到難能可貴的技巧。你或許已經發現脆弱帶給你的「活生生」感受，它同樣能讓你更加貼近他人。

如果你想要精進展現脆弱的技巧，必須注意幾點：重點不只在於你說的話或分享的事情，而是你在分享當下有什麼樣的感覺。某些人有辦法在透露極度個人、私密且脆弱的心事時，心中完全不起波瀾。這是因為他們跟自己的脆弱面保持一定的距離。換句話說，他們分享事情時，就像在分析數學習題，將自己的心妥善安置在高牆之後，不受影響。

隨著你的技巧增強，當你在揭露自己的小祕密時，不妨試著感受那一絲的脆弱。如果能做到這一點，你的肢體語言將會更臻完美。些微的脆弱感就足以讓你表現完美。你也可以善用第五章的自我慈悲技巧，讓你應對整體感受更加自如。

高處不勝寒

當愈來愈多人視你為「明星」之後，就連那些想要喜歡你的人都會覺得很難親近你。此外，你可能會覺得與其他人漸行漸遠。人們逐漸把你視為高高在上的偶像，你在他們眼裡是特別的、與眾不同的、甚至是超凡的，此時你可能開始感到孤獨。

其實，這也是多數執行長和資深主管來找我的原因之一。他們有了魅力，但他們需要他人的指正與制衡，也需要聽到值得信賴的建議和誠實的回饋；只不過，他們不再從別人那兒聽到這些話，我至少沒有預期的多。權威型魅力人士最常有這樣的困擾，其次是遠見型和專注型的魅力人士，只是程度沒那麼嚴重。

當你變得魅力十足，會覺得自己能夠對其他人行使龐大的權力和影響力。相對的，你再也無法視他們為平起平坐的夥伴，所以你會因為失去同伴而感到孤獨。

不該表現的時候，魅力依舊見效

好友亞瑟是一位十足的領袖型人物，無論走到哪，全身上下始終散發著權威型的魅力。一位共同朋友介紹我們認識；他知道我在研究魅力，於是向我介紹：「妳一定要見見這個傢伙。」他說得沒錯。

亞瑟人非常好，他讓我跟在身邊好幾個星期，近身觀察他的領袖魅力。有一天，我們坐在餐廳前庭享用早午餐，他點了班乃迪克蛋，我點了水煮鮭魚。突然，他傾身對我說：「妳知道嗎？魅力也是有副作用的。」

亞瑟認為，魅力最大的風險在於它賦予你說服他人的能力，即便你完全錯了。他表示：「我發現，只要我先說服自己某個想法是正確的，並一再強化它，那麼沒有什麼事情是我說服不了的。說實在，我的想法不一定正確，但只要我把邏輯論證跟情感、熱情、與魅力結合在一起，大家就突然覺得這個想法是對的，於是照著我說的去做。」

亞瑟告訴我，他現在在團隊裡頭，懂得收斂自己的魅力。他會替自己的魅力設下護欄，避免它壓制了其他真正有用的意見。他還說：「雖然我一直都留意自己說服他人時的措詞聲調，讓自己聽起來客觀且公正，但後來發現事與願違。隨著權力變大，我的責任也愈重，我現在對於自己做出的決定，也比以前存有更多質疑。」

當你變得愈來愈有魅力，做起事也開始變得輕而易舉。然而，這可能會給你一種錯覺，以為別人也跟你一樣，事情不需費太多工夫就能順利完成。因此，請記住，不是每個人都跟你一樣，他們並沒有你這種魅力十足的影響力。

此外，當你被視為超人，這也可能影響到你整個公司。因為大家開始依賴你的特殊長才，並認為事情到最後一定會變得很好。他們可能認為自己不必像以前那樣努力工作，也可能想逃避責任，自滿於現況。另一方面，他們也可能變得過分自信，比以前冒更大的風險，他們會認為，就算出了差錯，你也會神奇的把它處理好。

切記：魅力的威力十足，務必審慎使用

人們常問我，他們學到的這些技巧會不會導致危險的後果？這是一定會的，畢竟這玩意的威力非常強大。魅力的確有黑暗的一面，許多深入研究魅力的學者都警告人們不要使用魅力。

事實上，直到八〇年代以前，許多極具影響力的思想家都強烈反對魅力的研究和教學，彼得・杜拉克（Peter Drucker）就是其中之一。杜拉克常指出，上個世紀最有魅力的領袖不外乎希特勒、史達林、毛澤東和墨索里尼等人。

魅力之所以威力強大，是因為它賦予我們影響他人的力量。任何可以增強這項能力的訓練，

都可能應用在有益或有害的方面。就目的而言，魅力的訓練和其他各種領導技巧的訓練無異。既然如此，我們是不是該禁止所有領導效能的訓練課程呢？

馬歇爾．葛史密斯向我形容：魅力就像智能這類資產，「如果你走向正途，魅力能讓你更快到達目的地；若你走上歹路，魅力同樣會幫助你更快達到日的。它是資產，不是保單。有沒有失敗的魅力領袖？當然有，而且還不少，就像許多聰明過人的領導者也一樣會失敗，但是這無關魅力或智能的對錯。」

如同刀有兩刃，可以救人，也能傷人。刀不過是個工具，結果端視握著它的是外科醫生還是罪犯。工具本身幾乎沒有好壞之分。

你從本書學到的是一整套的工具，要如何應用，決定權在你手上。魅力無關是非對錯，重點在於你怎麼運用。

隨身魅力要點

- 魅力有一些潛在缺點：你可能成為他人嫉妒和怨恨的箭靶；別人可能向你傾訴過多；別人會用更高的標準來檢視你；你可能會有高處不勝寒的孤獨感受；在魅力不該發揮效用的地方，它依然見效。
- 為了減輕嫉妒和怨恨，你必須反映或轉移榮耀。強調那些值得稱讚的人，並讓他們覺得自己是造就你成功的一員。
- 當你發現別人可能分享過頭時，及時打斷對方，分享「我也有過相同經歷」的故事。若來不及阻止，幫助他們將不適感去污名化。
- 展現自己脆弱的一面能讓他人更喜歡你，更與你拉近距離。避免讓別人把你當成超人、無所不能、無所不知、或認為你永遠是對的。魅力是一個威力強大的工具，務必謹慎使用。

結語

享受你的魅力人生！

如果你在二〇〇五年一月碰到詹姆斯，你會看到一個普通身高、瘦巴巴的年輕男子，穿著鬆垮垮的西裝、白襯衫、咖啡色皮鞋，棕色的眼睛飄忽不定。他可能會怯生生的走向你，跟你握手時整隻手疲軟無力。在談話的過程，詹姆斯聲音很小、語調平平、很少跟你目光接觸超過一、兩秒以上。他對於會面的場合很不自在，因此給人的印象既退縮又冷淡，即使碰到他真正感興趣的話題，也是同樣模樣。

詹姆斯的優點實在說不完：敏銳的頭腦、深刻的洞察力、多才多藝、工作認真。有這麼全面的人格魅力，照理說他應該是全公司閃亮的重量級人物。然而，一如過往，詹姆斯的能力、奉獻與成就全都被忽略了。大家可能會說他這個人不錯，但見過就忘，對他毫無印象。

我第一次見到詹姆斯時，他並沒有給我留下良好的第一印象。儘管他非常聰明，卻不知如何享有自己的空間。再者，他過人的專業技能也無法讓人感覺到他的存在。他也沒有意識到，自己的探詢口吻以及神經質般的點頭模樣會給人什麼樣的觀感。總之，他給人的印象是害羞、難為情、忸怩——完全不會讓人聯想到自信和魅力的領袖。

和詹姆斯共事過的人都知道，他的外在無法準確反映出他真正的價值。詹姆斯的上司表示：「我們都知道他潛力無窮、有顆聰穎的腦袋，以及豐富的專業知識。但不知為何，開會時他老是被人忽略，晉升也沒他的份，他整個人都被人忘掉了。」詹姆斯一直都表現出色，但他從未受到應得的肯定。為什麼呢？因為他那毫無魅力的印象總是如影隨形的糾纏他。

詹姆斯不太相信魅力訓練能改變他的職涯發展；不過，他願意全力以赴。在第一期課程裡，我們不僅找出最適合他的魅力風格，也教會他一些增強影響力與親和力的視覺化技巧，讓他可以立即派上用場。他還學會了如何改變姿勢，形成一個強化自信的正面循環；他也學到如何「專注在腳趾頭上」。短短一期課程，竟帶給他驚人的轉變：他走路的模樣不一樣了，舉手投足投射出更多的自信。他還是原來的詹姆斯，只不過他現在有了新的力量。

在接下來的幾週，我們繼續挖掘他更多潛藏的魅力，他學會利用語言和非語言工具提高臨在感、影響力與親和力。詹姆斯也持續調整並改善自己的姿勢、聲音、對談以及演說的技巧。如今，他學會利用身體語言來霸占更大的空間，終於能夠自在的當個大猩猩。此外，他懂得在聲音裡注入溫暖和影響力，並以更豐富、更能獲得共鳴的語調說話。

課程不過短短幾個星期，詹姆斯已經有了出乎意料的改變。同儕以敬畏的眼神望著他，主管看到他一飛沖天的表現都嘖嘖稱奇。其中一人後來告訴我，這真是「徹底大改造」。

從我們開始訓練後三個月，詹姆斯表示他整個人都改頭換面了：「你們今天看到的商界明星，九十天前根本還不存在。」如今，只要詹姆斯一走進房間，所有人都會注意到他。當他在會議上發言，大家都會專心聽講。最近，他寫信告訴我：「這些技巧全都成了我的第二天性。」

即便如此，我依舊深信他一直都擁有這樣的魅力，只是深埋在內心深處。稍加善用正確的觀念與技巧，就能引導他走到今日的成就，讓他在談生意時輕而易舉展現個人的魅力。詹姆斯就像一顆未經加工的鑽石，稍加雕琢便能顯現出原有的光芒；如今，他內心的那個超級巨星終於讓人看到。

現在你已經知道魅力是什麼：投射出臨在感、影響力與親和力的行為。你知道這些行為可以透過學習得來，你也有了一整套工具可使用。你已經學習到許多新的方法、心態的轉換、以及應有的儀態。有了這些基礎，往後你只需在忠於自己本性與延展舒適地帶之間取得平衡就可以了。隨著不斷的練習，這些技巧終將成為你身分的一部分，不再是一組工具。請記住，我們每個人都具有臨在感、影響力與親和力的潛在特質，問題在於要應用其中哪個部分，並學習如何充分表現出來。

你可以利用比較不重要的場合，向外延展你舒適地帶的界限。在關鍵時刻，你千萬不要冒這個險，免得讓人覺得你很不自在或不夠真誠。誠如你學到的，在艱困或重要的場合，堅守你原本最感自在的魅力行為與風格。

如今，你就要出發遠征，得先做好心理準備：前方的路可能起起伏伏、迂迴曲折、障礙重重。不過，很快的你會發現，與人的互動會變得愈來愈正面，有時甚至好得不可思議。記住，好好享受這段過程。此時的你不妨輕鬆坐著，欣賞自己與對方的美好互動，讚許自己做得好棒。好好品味這一刻。

你的人生即將改變，好好享受這趟旅程吧！

謝辭

我很高興有如此榮幸，在寫書過程裡獲得眾多優秀人才的協助。

首先非常感謝教學法專家Daniel Lieberman，他也是精通文字與結構的高手。謝謝他敏銳的洞察力、清晰的思維、以及超乎常人的慷慨。並感謝Barney Pell、Mark Herschberg、Artem Boystov、Joshua Keay、Natalie Philips以及Zachary Burt，為本書貢獻寶貴的時間、見解與腦力。

我要謝謝哈佛暨麻省理工大學醫療保健科技研究計畫的William Bosl、史丹佛大學「行為科學高等研究中心」的Stephen Kosslyn、以及加州大學柏克萊分校哈斯商學院（UC Berkeley Haas School of Business）的Maxine Rodenthuis，感謝他們提供了這麼棒的研究成果。

感謝眾多頂尖商業人士大力提供見解：Chris Ashenden、Gilles August、Hayes Barnard、Sunny Bates、Steve Bell、Charles Best、Michael Feuer、Tim Flynn、Scott Freidheim、Matt Furman、Carl Guardino、Catherine Dumait Harper、Ira Jackson、Ken Jacobs、Randy Komisar、Jim Larranaga、Jack Leslie、Maurice Levy、Dan'l Lewin、Angel Martinez、Jeff Mirich、Farhad Mohit、Peter Moore、Elon Musk、Tom Schiro、Nina Simosko、Kevin Surace、Peter Thiel、Duncan Wardle、Bill Whitmore以及Bill Wohl。

感謝Courtney Young以絕佳的技巧、奉獻、耐心、仁慈與慷慨，帶領企鵝（Penguin）出版團隊交出亮眼的成績單。多虧Adrienne Schultz的神奇巧思，讓文章更清晰、簡潔，讀起來更加順暢。感謝費禮查公司（Fletcher & Co）的Rebecca Gradinger，願意給一個從未寫過書的人機會。

很榮幸有這麼多人願意協助我，提供絕妙的意見與鼓勵：William Bachman、Silvia Console Battiliana、Clark Bernier、Devon與David Pablo Cohn、Malcolm Collins、Fabian Cuntze、Daniel Ford、Darius Golkar、Joe Greenstein、Omar Sultan Haque、Jaden Hastings、Rich Hecker、Chris Hill、Samantha Holdsworth、Jesse Jacobs、Alex Kehl、Eric Keller、Emma Berntman Kraft、Jessamyn Lau、Greg Levin、Greg Lory、Ana Rowena McCullough、Patrick McKenna、Shauna Mei、Xavier Morelle、Earl Pinto、Judah Pollack、Semira Rahemtulla、Dom Ricci、John Paul Rollert教授和他哈佛大學的學生、Jean Yves SantaMaria、Katharina Schmitt、Jon Teo、J. R.Wurster、Justyna Zander以及Roni Zeiger。

我要將本書獻給一起經歷發現、懺悔、歡笑、掙扎、心事分享、勝利、榮耀與喜悅的客戶，期待與大家繼續旅程。同時也獻給我的老師，感謝他們一路上的睿智教導：Tara Brach、David與Shoshana Cooper、Michele McDonald、Linda McDonald以及Vicotria Moran。並獻給我的家人：Bernard Cabane與Celie Fox Cabane、Guillaume Cabane與Marine Aubry、Gerard Cabane、David and Doris Schoenfarber、Barney Pell與Nadya Direbova、Deepak and Nalini Bradoo、Ruth Owades、Anusheel Bhushan以及Michael McCullough。

一如既往，我要感謝Privahini Bradoo、Fabian Cuntze、Joe Greenstein、Joshua Keay、Judah Pollack、Seena Rejal、Natalie Philips、David Dayan Rosenman以及Torsten Rode。沒有你們，就沒有今日的我；多謝你們替我奠定了穩健的基礎。你們永遠在我的心中占有一席之地。

參考資料

1. Recounted by *Redbook* editor Robert Stein, who followed Marilyn throughout this episode (*American Heritage* magazine, November/December 2005).
2. B. J. Avolio, D. A. Waldman, and W. O. Einstein, "Transformational Leadership in a Management Game Simulation," *Journal of Management, Group and Organizational Studies* 13 (1988): 59-80; B. J. Avolio and B. M. Bass, "Transformational Leadership, Charisma, and Beyond," in *Emerging Leadership Vistas*, eds. J. G. Hunt, B. R. Baliga, H. P. Dachler, and C. A. Schriesheim (Lexington, MA: Lexington Books, 1988), 29-49; Hater and Bass, "Superiors' Evaluation and Subordinates' Perceptions of Transformational and Transactional Leadership," *Journal of Applied Psychology* (1988): 695-702; G. A. Yukl and D. D. Van Fleet, "Cross-Situational Multimethod Research on Military Leader Effectiveness," *Organizational Behavior and Human Performance* 30 (1982): 87-108.
3. B. Shamir, M. Arthur, and R. House, "The Rhetoric of Charismatic Leadership: A Theoretical Extension, a Case Study, and Implications for Research," *Leadership Quarterly* 5 (1994): 25-42.
4. Robert J. House, *The Rise and Decline of Charismatic Leadership*, The Wharton School at the University of Pennsylvania, rev. January 26, 1999, http://leadership.wharton.upenn.edu/l_change/publications/House/Rise%20and%20Decline%20of%20Charismatic%20Leadership%20-%20House.doc; R. J. House and B. Shamir, "Toward the Integration of Charismatic, Transformational, Inspirational and Visionary Theories of Leadership," in *Leadership Theory and Research Perspecties and Directions*, ed. M. Chemmers and R. Ayman (New York: Academic Press, 1993): 81-107; R. J. House and J. M. Howell, "Personality and Charismatic Leadership, "*Leadership Quarterly* 3, no. 2 (1992): 81-108.
5. A. Erez, V. F. Misangyi, D. E. Johnson, M. A. LePine, and K. C. Halverson, "Stirring the Hearts of Charismatic Leadership as the Transferral of Affect," *Journal of Applied Psychology* 93, no. 3 (2008): 602-16; C. G. Brooks Jr., "Leadership, Leadership, Wherefore Art Thou Leadership?" *Respiratory Care Clinics of North America* 10, no. 2 (2004): 157-71.

第1章

1. A group of enterprising behavioral scientists demonstrated the feasibility of increasing people's level of charisma in a controlled laboratory setting through a series of multiple controlled experiments. They analyzed which verbal and nonverbal behaviors could be used to increase or decrease charisma. Their test subjects' levels of charisma rose and fell depending on which

behaviors they were instructed to demonstrate. As long as you know how to exhibit the correct body language and behaviors, you will be seen as charismatic. J. M. Howell and P. J. Frost, "A Lab Study of Charismatic Leadership," *Organizational Behavior and Human Decision Processes* 43 (1989): 243-69.

2. R. E. Riggio, "Charisma," in *Encyclopedia of Leadership*, eds. J. M. Burns, W. Goethals, and G. Sorenson (Great Barrington, MA: Berkshire Publishing, 2004), 1:158-62.

第二章

1. Li, W., R. E. Zinbarg, S. G. Boehm, and K. A. Paller. "Neural and Behavioral Evidence for Affective Priming from Unconsciously Perceived Emotional Facial Expressions and the Influence of Trait Anxiety," *Journal of Cognitive Neuroscience* 20 (2003): 95-107.
2. Daniel Todd Gilbert, *Stumbling on Happiness* (New York: Alfred A. Knopf, 2006).
3. S. T. Fiske, A. J. C. Cuddy, and P. Glick, "Universal Dimensions of Social Cognition: Warmth and Competence, " *Trends in Cognitive Sciences* 11, no. 2 (February 1, 2007): 77-83.
4. Alex (Sandy) Pentland, *Honest Signals - How They Shape Our World* (Cambridge, MA: The MIT Press, 2008).
5. J. I. Davis, J. J. Gross, and K. N. Ochsner, "Psychological Distance and Emotional Experience: What You See Is What You Get," *Emotion* 11, no. 2 (2011): 438-44. J. J. Gross, G. Sheppes, and H. L. Urry, "Emotion Generation and Emotion Regulation: A Distinction We Should Make (Carefully)," *Cognition and Emotion* 25, no. 5 (2011): 765-81. doi:10.1080/02699931.2011.555753.
6. P. Ekman, R. J. Davidson, and W. V. Friesen, "The Duchenne Smile: Emotional Expression and Brain Physiology: II," *Journal of Personality and Social Psychology* 58, no. 2 (1990): 342-53.
7. R. A. Hahn, "The Nocebo Phenomenon: Concept, Evidence, and Implications for Public Health, " *Preventive Medicine* 26, no. 5, part 1 (September – October 1997): 607-11.

第三章

1. M. T. Gailliot, R. F. Baumeister, C. N. DeWall, J. K. Maner, E. A. Plant, D. M. Tice, et al., "Self-Control Relies on Glucose as a Limited Energy Source: Willpower Is More Than a Metaphor," *Journal of Personality and Social Psychology* 92, no. 2 (2007): 325-36.
2. See Jeff Bell, When in Doubt, Make Belief (Novato, CA: New World Library, 2009).

3. S. Harris, S. A. Sheth, and M. S. Cohen, "Functional Neuroimaging of Belief, Disbelief, and Uncertainty," *Annals of Neurology* 63 (2008): 14.
4. Image generation has a powerful impact on emotions and physiological states and a high impact on brain function. See A. Hackmann, "Working with Images in Clinical Psychology," in *Comprehensive Clinical Psychology*, eds. A. Bellack and M. Hersen (London: Pergamon, 1998), 301-17.
5. T. J. Kaptchuk, E. Friedlander, J. M. Kelley, et al., "Placebos without Deception: A Randomized Controlled Trial in Irritable Bowel Syndrome" (2010), http://www.plosone.org/article/info:doi/10.1371/journal.pone.0015591.
6. Robert Sapolsky's fascinating – and free – Stanford University lecture "Why Zebras Don't Get Ulcers" on iTunes.
7. David Rock, "SCARF: A Brain-Based Model for Collaborating with and Influencing Others," *NeuroLeadership Journal 1* (2008).
8. P. R. Clance and S. A. Imes, "The Imposter Phenomenon in High Achieving Women: Dynamics and Therapeutic Intervention," *Psychotherapy: Theory, Research and Practice* 15, no. 3 (1989): 241-47.

第四章

1. David Rock, *Your Brain at Work* (New York: HarperBusiness, 2009).
2. D. J. Simons and C. F. Chabris, "Gorillas in Our Midst: Sustained Inattentional Blindness for Dynamic Events," *Perception* 28, no. 9 (1999): 1059-74, http://en.wikipedia.org/wiki/Digital_object_identifier.
3. James J. Gross, "Emotion Regulation: Affective, Cognitive, and Social Consequences," *Psychophysiology* 39, no. 3 (May 2002): 281-89.
4. T. J. Kaptchuk, E. Friedlander, J. M. Kelley, et al., "Placebos without Deception: A Randomized Controlled Trial in Irritable Bowel Syndrome" (2010), http://www.plosone.org/article/info:doi/10.1371/journal.pone.0015591.
5. Andrew Hunt, *Pragmatic Thinking and Learning: Refactor Your Wetware*, rev. ed. (Raleigh, NC: Pragmatic Bookshelf, 2010).
6. Robert B. Cialdini, *Influence: The Psychology of Persuasion*, rev. ed. (New York: Harper Paperbacks, 2006); and B. J. Sagarin, R. B. Cialdini, W. E. Rice, and S. B. Serna, "Dispelling the Illusion of Invulnerability: The Motivations and Mechanisms of Resistance to Persuasion," *Journal of Personality and Social Psychology* 83, no. 3 (2002): 526-41.

第五章

1. David Rock, *Your Brain at Work* (New York: HarperBusiness, 2009).
2. Ibid., and Jeff Hawkins, *On Intelligence*, adapted ed. (New York: Times Books, 2004).

4. R. A. Emmons and A. Mishra, "Why Gratitude Enhances Well-Being: What We Know, What We Need to Know," in *Designing Positive Psychology: Taking Stock and Moving Forward*, eds. K. Sheldon, T. Kashdan, and M. F. Steger (New York: Oxford University Press, 2011); R. A. Emmons, "Gratitude," in *Encyclopedia of Positive Psychology*, eds. S. J. Lopez and A. Beauchamp (New York: Oxford University Press, 2009), 442-47.
5. Martin E. P. Seligman, *Authentic Happiness: Using the New Positive Psychology to Realize Your Potential for Lasting Fulfillment* (New York: Free Press, 2002).
6. K. D. Neff, "Self-Compassion," in *Handbook of Individual Differences in Social Behavior*, eds. M. R. Leary and R. H. Hoyle (New York: Guilford Press, 2009), 561-73.
7. K. D. Neff, "Self-Compassion, Self-Esteem, and Well-Being," *Social and Personality Compass* 5 (2011): 1-12; K. D. Neff and P. McGeehee, "Self-Compassion and Psychological Resilience among Adolescents and Young Adults," *Self and Identity* 9 (2010): 225-40; K. D. Neff, K. Kirkpatrick, and S. S. Rude, "Self-Compassion and Its Link to Adaptive Psychological Functioning," *Journal of Research in Personality* 41 (2007): 139-54.
10. T. Barnhofer, T. Chittka, H. Nightingale, C. Visser, and C. Crane, "State Effects of Two Forms of Meditation on Prefrontal EEG Asymmetry in Previously Depressed Individuals," *Mindfulness* 1, no. 1 (2010): 21-27; T. Barnhofer, D. Duggan, C. Crane, S. Hepburn, M. J. Fennell, and J. M. Williams, "Effects of Meditation on Frontal Alpha-Asymmetry in Previously Suicidal Individuals," *NeuroReport* 18, no. 7 (2007): 709-12; B. R. Cahn and J. Polich, "Meditation States and Traits: EEG, ERP, and Neuroimaging Studies," *Psychological Bulletin* 132, no. 2 (2006): 180-211; G. Feldman, J. Greeson, and J. Senville, "Differential Effects of Mindful Breathing, Progressive Muscle Relaxation, and Loving-Kindness Meditation on Decentering and Negative Reactions to Repetitive Thoughts," *Behaviour Research and Therapy* 48, no. 10 (2010): 1002-11; A. Manna, A. Raffone, M. G. Perrucci, D. Nardo, A. Ferretti, A. Tartaro, et al., "Neural Correlates of Focused Attention and Cognitive Monitoring in Meditation," *Brain Research Bulletin* 82, nos. 1-2 (2010): 46-56.
11. Paul Gilbert, Mark W. Baldwin, Chris Irons Jodene R. Baccus, and Michelle Palmer, "Self-Criticism and Self-Warmth: An Imagery Study Exploring Their Relation to Depression," *Journal of Cognitive Psychotherapy* 20, no. 2 (2006): 183-200.
12. D. R. Carney, A. J. C. Cuddy, and A. J. Yap, "Power Posing: Brief Nonverbal Displays Affect Neuroendocrine Levels and Risk Tolerance," *Psychological Science OnlineFirst*, September 21, 2010, http://www.people.hbs.edu/acuddy/in%20press,%20carney,%20cuddy,%20&%20yap,%20psych%20science.pdf.
13. R. F. Baumeister, "Ego Depletion and Self-Regulation Failure: A Resource Model of Self-Control," *Alcoholism: Clinical and Experimental Research* 27, no. 2 (2003): 281-84.

14. M. T. Gailliot, R. F. Baumeister, C. N. DeWall, J. K. Maner, E. A. Plant, D. M. Tice, et al., "Self-Control Relies on Glucose as a Limited Energy Source: Willpower Is More Than a Metaphor," *Journal of Personality and Social Psychology* 92, no. 2 (2007): 325-36.

第六章

1. S. Milgram, *Obedience to Authority: An Experimental View* (New York: Harper & Row. 1975); N. J. Russell, "Milgram's Obedience to Authority Experiments: Origins and Early Evolution," *British Journal of Social Psychology* 50, part 1 (2011): 140-62.
2. A. Freed, P. Chandler, J. Mouton, and R. Blake, "Stimulus and Background Factors in Sign Violation," *Journal of Personality* 23 (1955): 499.
3. R. M. A. Nelisson and M. H. C. Meijers, "Social Benefits of Luxury Brands as Costly Signals of Wealth and Status," *Evolutions Human Behavior* 32, no. 5 (2011): 343-55.
4. From Halpin in 1954 to Pillai in 1991.

第七章

1. John Kenneth Galbraith, *Economics, Peace and Laughter* (New York: New American Library, 1971), 50.
2. Dr. Nalini Ambady, *First Impressions* (New York: Guilford Press, 2008).
3. L. P. Naumann, S. Vazire, P. J. Rentfrow, and S. D. Gosling, "Personality Judgments Based on Physical Appearance," *Personality and Social Psychology Bulletin* 35, no. 12 (2009): 1661-71.
4. P. Borkenau, S. Brecke, C. Mottig, and M. Paelecke, "Extraversion Is Accurately Perceived After a 50-Ms Exposure to a Face," *Journal of Research in Personality* 43 (2009): 703-6; P. Borkenau and A. Liebler, "Trait Inferences: Sources of Validity at Zero Acquaintance, *Journal of Personality and Social Psychology* 62 (1992): 645-57; S. D. Gosling, S. J. Ko, T. Mannarelli, and M. E. Morris, "A Room with a Cue: Personality Judgments Based on Offices and Bedrooms, *Journal of Personality and Social Psychology* 82 (2002): 379-98; M. J. Levesque and D. A. Kenny, "Accuracy of Behavioral Predictions at Zero Acquaintance: A Social Relations Analysis, *Journal of Personality and Social Psychology* 65 (1993): 1178-87
5. N. Ambady and R. Rosenthal, "Half a Minute: Predicting Teacher Evaluations from Thin Slices of Nonverbal Behavior and Physical Attractiveness," *Journal of Personality and Social Psychology* 64, no. 3 (1993): 431-41.
6. T. Emswiller, K. Deaux, and J. E. Willits, "Similarity, Sex, and Requests for Small Favors, "*Journal of Applied Social*

Psychology 1 (1971): 284-91.

7. G. L. Stewart, S. L. Dustin, M. R. Barrick, and T. C. Darnold, "Exploring the Handshake in Employment Interviews," *Journal of Applied Psychology* 93, no. 5 (September 2008): 1139-46.

第八章

1. Ronald E. Riggio, *The Charisma Quatient: What It Is, How to Get It, How to Use It* (New York: Dodd Mead: 1988), 76.
2. Artur Schnabel, in *Chicago Daily News*, June 11, 1958.
3. Robert B. Cialdini, *Influence: The Psychology of Persuasion*, rev. ed. (New York: Harper Paperbacks, 2006).
5. Dale Carnegie, *How to Win Friends and Influence People* (New York: Simon & Schuster, 1936).
6. A. Hackmann, "Working with Images in Clinical Psychology," in *Comprehensive Clinical Psychology*, eds. A. Bellack and M. Hersen (London: Pergamon, 1998), 301-17.
7. R. P. Perry, P. C. Abrami, and L. Leventhal, "Educational Seduction: The Effect of Instructor Expressiveness and Lecture Content on Student Ratings and Achievement," *Journal of Educational Psychology* 71 (1979): 107-16.
8. A. Drahota, A. Costall, and V. Reddy, "The Vocal Communication of Different Kinds of Smile," *Speech Communication* 50, no. 4 (2008): 278.

第九章

1. D. Goleman, "What Makes a Leader?" *Harvard Business Review* (January 2004).
2. Ronald E. Riggio, *The Charisma Quotient: What It Is, How to Get It, How to Use It* (New York: Dodd Mead, 1988).
3. J. E. Bono and R.Ilies, "Charisma, Positive Emotions and Mood Contagion," The *Leadership Quarterly* 17, no. 4 (2006): 317-34.
4. Ker Than, "Why Some Old Lovers Look Alike," *LiveScience*, February 14, 2006.
5. D. Goleman and R. Boyatzi, "Social Intelligence and the Biology of Leadership," *Harvard Business Review* (September 2008).
6. N. Gueguen, C. Jacob, and A. Martin, "Mimicry in Social Interaction: Its Effect on Human Judgment and Behavior," *European Journal of Social Sciences* 8, no. 2 (2009).
7. Heini Hediger, *The Psychology and Behaviour of Animals in Zoos and Circuses* (New York: Dover Publications, 1955).
8. Allan and Barbara Pease, *The Definitive Book of Body Language* (New York: Bantam, 2006).
9. J. Kellerman, J. Lewis, and J. D. Laird, "Looking and Loving: The Effects of Mutual Gaze on Feelings of Romantic Love,"

Journal of Research in Personality 23 (1989): 145-61.
10. Les Fehmi and Jim Robbins, *The Open-Focus Brain: Harnessing the Power of Attention to Heal Mind and Body* (Boston: Trumpeter, 2007).

第十章

1. E. Aronson, R. D. Akert, and T. D. Wilson, *Social Psychology*.6th ed. (Upper Saddle River, NJ: Pearson Prentice Hall, 2006).
2. K. Izuma, D. N. Saito, and N. Sadato, "Processing of Social and Monetary Rewards in the Human Striatum," *Neuron* 58, no. 2 (2008): 284-94.
3. D. A. Redelmeier, J. Katz, and D. Kahneman, "Memories of Colonoscopy: A Randomized Trial," *Pain* 104, nos. 1-2 (2003): 187-94.

第十一章

1. "What's with the Newspapers?" *Plain Language at Work Newsletter* (May 15. 2005), http://www.impact-information.com/impactinfo/newsletter/plwork15.htm; S. L. Mailloux, M. E. Johnson, D. G. Fisher, and T. J. Pettibone, "How Reliable Is Computerized Assessment of Readability?" *Computers in Nursing* 13, no. 5 (1995): 221-25; Joe Kimble, "Writing for Dollars, Writing to Please," *Scribes Journal of Legal Writing*, 1996-97, http://www.plainlanguagenetwork.org/kimble/dollars.htm.
2. P. Valdez and A. Mehrabian, "Effects of Color on Emotions," *Journal of Experimental Psychology: General* 123, no. 4 (1994): 394-409; T. W. Whitfield and T. J. Wiltshire, "Color Psychology: A Critical Review," *Genetic, Social, and General Psychology Monographs* 116, no. 4 (1990): 385-411.

第十二章

1. G. Devereux, "Charismatic Leadership and Crisis," in *Psychoanalysis and the Social Sciences*, vol. 4, eds. W. Muensterberger and S. Axelrod (New York: Dutton. 1955): 145-57.
2. Robert B. Cialdini, *Influence: The Psychology of Persuasion*, rev. ed. (New York: Harper Paperback, 2006).

第十三章

1. Jay A. Conger and Rabindra N.Kanungo, "Toward a Behavioral Theory of Charismatic Leadership in Organizational Settings," Academy of Management. *The Academy of Management Review* 12, no. 4 (1987).

工作生活 BWL006A

魅力學（新版）
無往不利的自我經營術
The Charisma Myth : how anyone can master the art and science of personal magnetism

國家圖書館出版品預行編目(CIP)資料

魅力學：無往不利的自我經營術 / 奧麗薇亞.卡本尼(Olivia Cabane)著；胡琦君譯. -- 第一版. -- 臺北市：遠見天下文化, 2013.06
面；　公分. -- (工作生活；WL006)
譯自：The charisma myth : how anyone can master the art and science of personal magnetism
ISBN 978-986-320-201-1(平裝)

1.吸引力 2.成功法

177　　102009756

作　者 — 奧麗薇亞・卡本尼
譯　者 — 胡琦君
副社長兼總編輯 — 吳佩穎
責任編輯 — 胡純禎
封面設計 — 李健邦

出版者 — 遠見天下文化出版股份有限公司
創辦人 — 高希均、王力行
遠見・天下文化 事業群榮譽董事長 — 高希均
遠見・天下文化 事業群董事長 — 王力行
天下文化社長 — 王力行
天下文化總經理 — 鄧瑋羚
國際事務開發部兼版權中心總監 — 潘欣
法律顧問 — 理律法律事務所陳長文律師
著作權顧問 — 魏啟翔律師
地址 — 台北市 104 松江路 93 巷 1 號 2 樓

讀者服務專線 — 02-2662-0012 ｜ 傳真 — 02-2662-0007, 02-2662-0009
電子郵件信箱 — cwpc@cwgv.com.tw
直接郵撥帳號 — 1326703-6 號　遠見天下文化出版股份有限公司

製版廠 — 東豪印刷事業有限公司
印刷廠 — 中原造像股份有限公司
裝訂廠 — 中原造像股份有限公司
登記證 — 局版台業字第 2517 號
總經銷 — 大和書報圖書股份有限公司　電話／(02)8990-2588
出版日期 — 2013 年 6 月 24 日第一版第 1 次印行
2024 年 9 月 12 日第二版第 18 次印行

定價 — NT 380 元
EAN : 4713510945018

書號 — BWL006A
天下文化官網 — bookzone.cwgv.com.tw